国际工程教育丛书

王孙禹　张　炜　丁雪梅　乔伟峰　翁默斯　编著

中国工程教育2035：
战略走向与政策选择

清华大学出版社

北京

图书在版编目(CIP)数据

中国工程教育 2035：战略走向与政策选择/王孙禹等编著.—北京：清华大学出版社，2022.11

(国际工程教育丛书)

ISBN 978-7-302-61167-7

Ⅰ.①中… Ⅱ.①王… Ⅲ.①高等教育-工科(教育)-发展-研究-中国 ②高等教育-工科(教育)-教育政策-研究-中国 Ⅳ.①G642.2

中国版本图书馆 CIP 数据核字(2022)第 110427 号

责任编辑：马庆洲
封面设计：常雪影
责任校对：赵丽敏
责任印制：朱雨萌

出版发行：清华大学出版社
   网 址：http://www. tup. com. cn，http://www. wqbook. com
   地 址：北京清华大学学研大厦 A 座 邮 编：100084
   社 总 机：010-83470000   邮 购：010-62786544
   投稿与读者服务：010-62776969，c-service@ tup. tsinghua. edu. cn
   质量反馈：010-62772015，zhiliang@ tup. tsinghua. edu. cn
印 装 者：小森印刷霸州有限公司
经 销：全国新华书店
开 本：165mm×240mm 印 张：12.75 字 数：207 千字
版 次：2022 年 11 月第 1 版   印 次：2022 年 11 月第 1 次印刷
定 价：78.00 元

产品编号：098712-01

总　序

近年来,中国工程院针对工程科技咨询,开展了"工程教育改革与发展研究""创新型工程科技人才培养研究""建立具有国际实质等效性的中国高等工程教育专业认证制度研究""院校工程教育的工程性与创新性问题研究""工程教育专业认证制度与工程师注册制度衔接问题的研究""国际工程教育合作战略研究""'一带一路'工程科技人才培养及人文交流研究""构建工程能力建设研究"等一系列课题研究。这些研究具有重要的理论意义和现实意义,是加快我国创新型国家建设的迫切需要,是推动工程师培养制度改革的需要,是促进工程科技人才培养与人文交流的需要。这些课题的研究有利于提出相关政策建议,对于深化工程科技人才培养、鼓励和引导工程科技人才成长具有重要的战略意义。

特别要强调的是,在中国工程院和清华大学的共同申请和推动下,2015 年11 月经联合国教科文组织(UNESCO)第 38 届大会批准,2016 年 6 月联合国教科文组织国际工程教育中心(ICEE)在北京正式签约成立。该工程教育中心以联合国教科文组织"可持续发展"的宗旨和原则为指导,以推动建设平等、包容、发展、共赢的全球工程教育共同体为长期愿景,围绕提升全球工程教育质量与促进教育公平的核心使命,致力于建成智库型的研究咨询中心、高水平的人才培养基地和国际化的交流合作平台。

目前,国际工程教育中心研究人员已牵头承担或作为核心成员参与联合国教科文组织、中国工程院、国家自然科学基金委、国家教育部委托的重大咨询研究项目,在提升国际影响力、政策影响力和学术影响力等方面发挥越来越大的作用。

为了更好地反映国际工程教育发展的过程和趋势，反映国际工程教育中心的研究成果，拟将近年来完成的报告、论文等汇集出版。

尽管这些报告或论文有些数据略早，但这些资料真实地记录了近些年我国工程教育研究的发展进程。这些成果作为工程教育的研究方法和政策过程有一定的回顾意义，反映了我国工程教育发展进程中的历史价值，以供后来者对工程教育研究历史进行梳理和追溯。

当前，世界处于百年未有之大变局中，工程科技突飞猛进既是百年变局的一项基本内容，也是百年变局的基本推动力量。全球科技创新已经进入空前密集活跃的时期，这对于工程领域人才培养和人文交流模式变革，对于提高国家竞争实力都提出了非常迫切和现实的要求。可以说，这就是我们编写和出版此套丛书的意义所在。

工程教育界的同仁们，我们共同努力再努力！

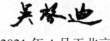

2021 年 4 月于北京

[吴启迪，教授，联合国教科文组织国际工程教育中心（ICEE）副理事长兼中心主任，清华大学工程教育研究中心主任，曾任教育部副部长，同济大学校长等职。]

目　　录

前　言

沧桑巨变,辉煌铸造,只争朝夕,不负韶华。

党的十九大把我国建设社会主义现代化强国的伟大进程分为两个阶段:第一个阶段的总目标是 2035 年基本实现社会主义现代化;第二个阶段的总目标是 2050 年把我国建设成为富强、民主、文明、和谐、美丽的社会主义现代化强国。

由此可见,2035 年将是建设社会主义强国的重要节点。中国面临百年未有的大变局,作为工程科技大国之一,如何在未来政治经济与科学技术的博弈中胜出,这是我们亟待思考的战略问题。

2035 年,我国科技事业将助力迈向科技强国

中国科技事业走过不平凡的发展之路,印证了"科技兴则民族兴、科技强则国家强"这一颠扑不破的真理。新中国的科技事业几乎从零开始起步,从 20 世纪 50 年代到改革开放,在中央"向科学进军"的伟大号召和"重点发展,迎头赶上"方针指引下,国家初步建立了由政府主导和布局的科技体系,打破封锁,发奋图强,为我国科技事业发展奠定了坚实的基础,注入了自强的灵魂。

到 2035 年,我国的科技体系将实现完整布局,科技支撑作用将不断得到彰显。在我国科技力量结构和布局得到优化的同时,科技对经济社会发展的贡献将大幅提升。到那时,我国高技术制造业、新兴产业、建筑业和服务业等领域的科技能力将大大增强,重大产品、重大技术装备和重大科学设备的自主开发能力以及系统成套水平将明显提高。创新将作为引领发展的第一动力,被摆在国家发展全局的核心位置。我国科技发展将再次提速,科技创新将不

断助力发展新动能。随着"互联网+"深入开展,基于移动互联、物联网的新产品、新业态、新模式将进一步蓬勃发展,成为我国改造提升传统产业、培育经济发展新动能的有力支撑。同时,大数据、云计算应用将不断深化,以5G为代表的新一代信息技术将进一步催生电子政务、信息惠民,共享经济和平台经济迅速兴起,将大力提高政府治理水平和民众获得感。

2035年,我国现代工业发展将取得更加积极的成效

1949年以前,中国工业部门残缺不全,只有采矿业、纺织业和简单的加工业。中华人民共和国成立后,特别是改革开放以来,我国制定和实施了一系列重大的产业政策,对工业经济内部结构进行了多次重大调整,我国现代工业体系逐步形成,产业结构在不断调整中优化升级。当前,我国工业化和信息化深度融合进展加快。制造业数字化、网络化、智能化水平持续提升,"互联网+制造业"新模式不断发展。在国际竞争越来越激烈的情况下,我们需要准确研判关键技术和卡脖子技术,把握制造、航天、网络、交通、海洋等领域的热点前沿问题,培养不同层次的工程专业人才,做好人才、科技、文化等方面的全面支撑。

到2035年,我国将基本形成门类齐全的现代化工业体系。传统产业转型升级步伐将不断加快,传统工业在产业规模迅速扩大的同时,将不断通过淘汰落后产能,如水泥行业、煤炭行业、钢铁行业、有色金属工业等实现脱胎换骨。制造业将从主要技术装备依赖进口到高附加值产品出口,加快技术改造,实现产业升级。新兴产业将不断加快孕育发展,大力发展高技术产业和先进制造业,积极推动战略性新兴产业,工业经济将不断向中高端迈进。高技术制造业、装备制造业、智能制造业发展将取得更加积极的成效,加快追赶国际先进水平和填补国内空白。

2035年,我国工程教育将取得新的历史性进展

中华人民共和国成立初期,我国教育水平低下,人口文化素质不高,学龄儿童入学率只有20%左右,全国80%以上人口是文盲。20世纪50—70年代,我国重视发展基础教育。1978年,基本普及小学教育,学龄儿童入学率达到95.5%;1982年,文盲率降至22.8%。改革开放以来,我国教育进入全面发展时期,义务教育不断完善,高等教育逐步加强,国民受教育程度不断提高。

　　为了推进教育强国目标的实现,2019 年中共中央、国务院印发了《中国教育现代化 2035》,中共中央办公厅、国务院办公厅印发了《加快推进教育现代化实施方案(2018—2022 年)》。《中国教育现代化 2035》提出,到 2035 年,总体实现教育现代化,迈入教育强国行列,推动我国成为学习大国、人力资源强国和人才强国,为到 21 世纪中叶建成富强、民主、文明、和谐、美丽的社会主义现代化强国奠定坚实基础。2035 年主要发展目标是:建成服务全民终身学习的现代教育体系,普及有质量的学前教育,实现优质均衡的义务教育,全面普及高中阶段教育,职业教育服务能力显著提升,高等教育竞争力明显提升,残疾儿童少年享有适合的教育,形成全社会共同参与的教育治理新格局。

　　中国工程教育 2035 同样需要直接服务于教育强国目标的实现。

　　我们知道,2018 年,普通本专科在校学生比 1978 年增长 32 倍。我国高等教育毛入学率已达到 48.1%,高于中高收入国家平均水平。2018 年我国有本科院校 1245 所,其中有工科专业 1173 所,占 94.2%;工科专业点有 19 303 个,占 33%;在校生中工科学生 538 万,占 33.3%,工科毕业生 123 万,占 32.8%。[①] 目前,我国有工程科技人员 4200 万。这些人力资源是我们实现 2030—2050 年目标的主力军和生力军。我国工程教育事业将取得新的历史性进展,总体发展水平将跃居世界中上行列,为社会主义现代化建设培养大量工程科技人才资源。

　　总之,到 2035 年,在党的领导下,全国人民将开拓进取、奋力前行,将进一步迈向开放进步,迈向繁荣富强。当我们看到,2020 年我国建成小康社会,2035 年将基本实现社会主义现代化,2050 年将建设成富强、民主、文明、和谐、美丽的社会主义现代化强国,我们必然意识到作为工程教育理论工作者和工程教育实践工作者的历史责任,必须努力探讨 2035 年中国工程教育的战略走向与政策选择。

---

　　① 2018 年全国教育事业发展统计公报, http://www. moe. gov. cn/jyb_sjzl/sjzl_fztjgb/201907/t20190724_392041. html.

第一章 工程教育发展趋势与战略部署

第一节 工程教育创新发展趋势

本节将从工程教育环境、工程教育体系以及工程教育研究三方面,重点关注全球工程教育创新发展趋势,以窥探全球工程教育发展的前沿动态。

1. 工程教育环境发展趋势

(1)可持续发展观的深刻影响

2015年,联合国192个成员国通过《2030年可持续发展议程》,提出了环境、社会、经济三个维度的17项目标,工程科技创新成为实现以上目标的关键支撑力量。解决可持续发展的问题,不仅要求全部工程活动考虑能源节约、环境保护、安全健康问题,也要求工程职业的从业者具有高度的社会责任感和伦理道德观念。

有学者认为,对于联合国制定的17个可持续发展目标(SDG),工程至少在12个领域具有重要作用,包括消除贫困,消除饥饿,健康,清洁饮水和卫生设施,能源,就业和经济增长,工业、创新和基础设施,可持续城市和社区,负责任的生产和消费,气候行动,水下生物及陆地生物。[①]

---

① Roger G. Hadgraft & Anette Kolmos (2020) Emerging learning environments in engineering education, Australasian Journal of Engineering Education, 25:1, 3-16.

2021 年,中国工程院、清华大学共同支持的联合国教科文组织(UNESCO)第二部工程报告《工程——支持可持续发展》(*Engineering for Sustainable Development*)发布,详细论述了工程与可持续发展之间的关系,其中指出工程总是让世界变得更美好,工程的重要性与紧迫性一如既往,需要更多具备适当技能的工程师。工程教育与能力建设是确保通过工程促进可持续发展目标实现的关键。

2020 年联合国教科文组织确定每年 3 月 4 日为世界工程日,通过举办该国际日全球庆祝活动以彰显工程师和工程对当今世界的贡献,提升公众对工程技术改善人类生活及推动可持续发展核心作用的认知。图 1-1 为世界工程日标志,标志中有 17 种颜色分别对应联合国的 17 个可持续发展目标,代表着对实现联合国 2030 年议程的承诺。标志中心的色块代表了与水、能源、基础设施和创新相关的可持续发展目标,这些都是最急需工程师的主要领域。当今世界的可持续发展也需要更多具备相关工程技能的工程师,工程教育的重要性越发凸显出来。①

图 1-1 世界工程日标志
图片来源:世界工程日官网

(2) 全球经济结构的快速调整

制造业发展是历次工业革命的先声,也是国家竞争的核心。世界银行数据表明,2018 年全球工业产值为 14.17 万亿美元,前四名是中、美、日、德。制造业增加值第一的是中国,为 4 万亿美元,占世界的 28%。与此同时,全球制造业的分布正在工业强国与新兴国家间发生转移。

国际劳工组织的数据表明(见图 1-2),近 20 年来,世界农业就业人口持续

---

① 世界工程日官网[EB/OL]. http://worldengineeringday.net/zh/index-cn/.

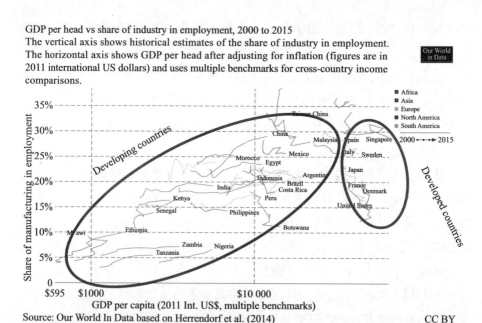

图 1-2 工业就业人口占总人口就业比例

资料来源：Herrendorfetal. ，2014；GGDC-10，2015

下降。工业和服务业就业人口占比，在发达国家呈下降趋势，在发展中国家呈现上升趋势，工程教育需求迅速增加。

（3）新兴信息技术的重要牵引

随着存储与运算技术的突破，信息化进入突飞猛进的新阶段。互联网、物联网、大数据、云计算、虚拟现实、人工智能等信息技术不仅催生了新业态，还通过与新材料、新工艺相结合，加快推动制造、建造等传统工程领域向智能化转型。德国的"工业 4.0 计划"，美国的"先进制造业国家战略计划"，英国的"工业 2050 战略"，中国的"中国制造 2025"，日本的"科技工业联盟"等战略，都是传统工业强国或新兴大国对第四次工业革命的战略回应。

信息技术发展将进一步向数字化进阶，如图 1-3 所示，未来数字化将成为工程科技发展的重要牵引力量。2018 年 7 月 5 日，美国国防部正式对外发布《国防部数字工程战略》，指出将转型为以数字化连接的端到端复杂组织体（Enterprise），通过安全手段将人员、流程、数据和能力进行无缝集成，实现利用

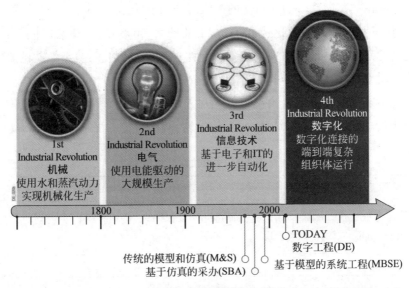

图 1-3　工程技术演变

资料来源:刘亚威,2018

模型对兴趣系统(System of Interest,如系统之系统、系统、流程、设备、产品、零件)跨生命周期的权威数字化表达,并且融入先进计算、大数据分析、人工智能、自主系统和机器人等技术提升工程能力。①

2. 工程教育体系发展趋势

(1) 知识体系:从细化分科到交叉综合

工程的范围越来越向自然系统、社会系统与生命系统的各个层面延展。近年兴起了与地学交叉的工程(地震工程、海岸及深海构造物工程、深地层的运动与人造物工程等),与社会交叉的工程(人工社会、社会计算等),与生命体交叉的工程(人体医学与保健工程、基因工程、脑科学技术与工程)。工程知识体系的过度分科越来越不利于跨系统的复杂工程问题的解决,走向综合成为工科发展的重要趋势。

(2) 能力要求:从单一结构到复合适应

未来工程师将在充满易变性(volatility)、不确定性(uncertainty)、复杂性

---

① 刘亚威. 美国国防部数字工程战略解读[EB/OL]. https://www.secrss.com/articles/9859.

（complexity）、模糊性（ambiguity）的 VUCA 世界中保持发展①。易变性指的是行业、市场和世界总体变化速度快，需求波动大，市场动荡，交易时间短；不确定性指的是不同情境的出现都具备可能性，很难做出预测；复杂性指的是需要考虑的因素很多，因素之间的关系也复杂多样；模糊性指的是需要从不完整、矛盾或不准确的信息中得出结论。面对 VUCA 世界，工程师未来角色将进一步演化，包括专家 2.0、系统整合员、前端创新者、情境工程师等（见表 1-1）。

表 1-1　未来工程师类型

未来工程师类型	工程师与未来发展的关联
专家 2.0 （Specialist 2.0）	如何通过研究提升工程知识、优化技术以实现创新和更佳表现
系统整合员 （Systems Integrator）	如何将学科知识和子系统专业知识整合成一个完整的解决方案
前端创新者 （Front-end Innovator）	如何应用知识和使用技术来开发现有的解决方案，跨越学科界限，为社会创造价值
情境工程师 （Contextual Engineer）	如何利用思想的多样性来开发实际的、可接受的解决方案，在不同文化和背景下创造价值

资料来源：Aldert Kamp

专家 2.0 是指能够使用具体的科学知识来改进、开发复杂的技术系统，同时与非专家合作将这些知识整合到系统和产品开发中。学习专业知识并通过研究和实验学习如何巩固知识多学科，以补充多学科项目工作。丰富的知识使人能阅大局，知道应该提出哪些问题，哪些方法是相关联的，并能够协调不同专业领域的专家之间的合作。开阔的视野和学识能增强专家的灵活性和创造性。系统整合员以系统为导向，拥有技术领域的通盘检视力，同时也能够超越技术，理解从限制预算和监管框架到公共安全影响和工程伦理方面等众多问题的重要性。同专家 2.0 一样，系统整合员是指在某个学科部门接受教育，同时在涉及工程公司的跨学科项目中发展跨学科和人际交往技能。前端创新者是指一

---

① Aldert Kamp. Navigating the Landscape of Higher Engineering Education. Center for Engineering Education.

个有进取心的工程师,对工程和社会经济因素有着全面的认知。他们能够设计新颖的产品,了解在特定领域的工程和设计过程中商业和商业因素的内在相互作用。情景工程师是指通过多样性思维,开发解决问题的方案,在不同文化和背景下创造更大的价值。

（3）人才培养:从规模优势到量质均衡

如图 1-4 所示,从高等教育科类结构看,除中国和印度外,可得数据表明,世界高等工程教育在毕业生规模上的优势有削弱的趋势（排序从第二位降到第三位）。近 15 年高等教育在校生的科类结构正在发生变化。从可得数据来看,除了中国、印度等国之外,世界高等教育中,工科在校生数的排序正在下降,毕业生数情况类似。

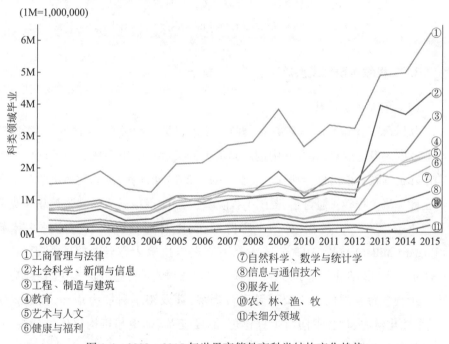

图 1-4　2000—2015 年世界高等教育科类结构变化趋势

据联合国教科文组织统计所（UIS）和国际工程教育中心（ICEE）数据绘制

（4）我国研发人员数量比例与质量有待进一步提升

如图 1-5 所示,从每百万人口中科学家、工程师数量看,发达国家有明显优势,我国研发人员规模大,但密度小,总体质量亟待提升。

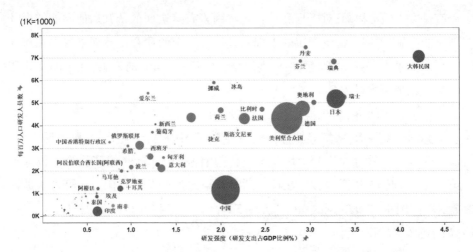

图 1-5　2018 年世界各国或地区研发投入与每百万人口研发人员数量

资料来源：联合国教科文组织统计所（UIS）和国际工程教育中心（ICEE）

3. 工程教育研究发展趋势

（1）创新主题凸显

从国际工程教育学术研究看，创新、技术促进工程教育、多样性、工程伦理与职业发展等是热点话题，其中创新是最大的关键词。以上热点活动同样在当前国际工程教育前沿理论研讨会得到印证。2019 年 4 月，MIT-欧林工学院举办了全球一流工程教育研讨会，美国工程院院士、MIT 航空航天学院爱德华·克劳利（Edward Crawley）教授，美国工程院院士、欧林工学院校长理查德·米勒（Richard Miller）教授，MIT 全球一流工科报告执笔人露丝·格雷厄姆（Ruth Graham）博士及清华大学 ICEE 中心代表等参与讨论。经过开放式论点收集，对未来工程教育发展的最重要问题进行提炼，涉及跨学科能力培养、体验式学习、个性化学习、社会责任与工程伦理、制度变革、师生与机构整体发展视角、教师发展与激励、可持续发展、资源可获取性与公平、数据科学与人工智能等议题。

（2）显示度待提升

如图 1-6 所示，中国在工程教育国际合作研究网络中的显示度较低，不利于国际工程教育界客观了解中国工程教育的发展现状，中国工程教育界需要传播中国的声音。

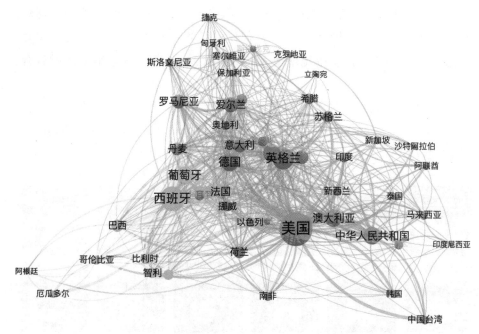

图 1-6　国际工程教育研究国家/地区合作网络

资料来源:国际工程教育中心 ICEE 根据 Web of Science 数据分析绘制

第二节　国际组织工程教育发展战略动向

本节旨在通过国际组织有关政策战略文本分析,关注全球工程教育发展动向。具体通过对国际组织与工程教育大国有关工程或工程教育的战略报告进行梳理,捕捉面向 2035 年工程师能力要求、工程教育革新引领关键要素。

1. 联合国教科文组织 UNESCO:工程支持可持续发展

面向未来,联合国近年发布多项重要的全球性倡议。2016 年发布的《2030年可持续发展议程》,提出面向 2030 年的 17 项发展目标。针对可持续性发展目标 4,发布《教育 2030》行动计划,旨在确保包容和公平的优质教育,让全民终身享有学习机会。2019 年 9 月 25 日，于纽约召开的联合国大会高级别活动上，教科文组织发布了《教育的未来》，倡议重新思考知识和学习如何在日益复杂、不确定和不稳定的世界里塑造人类的未来，并提出了面向 2050 年的教育远景。

《2030 年可持续发展议程》于 2016 年 1 月 1 日正式启动，呼吁各国现在就采取行动，为今后 15 年实现 17 项可持续发展目标而努力。17 项目标①具体如图 1-7 所示：

图 1-7 《2030 年可持续发展议程》17 项发展目标

资料来源：UNESCO 官网（UNESCO and Sustainable Development Goals）

目标 1　在全世界消除一切形式的贫困。

目标 2　消除饥饿，实现粮食安全，改善营养状况和促进可持续农业。

目标 3　确保健康的生活方式，促进各年龄段人群的福祉。

目标 4　确保包容和公平的优质教育，让全民终身享有学习机会。

目标 5　实现性别平等，保护所有妇女和女童的权利。

目标 6　为所有人提供水和环境卫生并对其进行可持续管理。

目标 7　确保人人获得负担得起的、可靠和可持续的现代能源。

---

① 《议程》目标采用外交部发布版本，"变革我们的世界：2030 年可持续发展议程"，https://www.fmprc.gov.cn/web/ziliao_674904/zt_674979/dnzt_674981/qtzt/2030kcxfzyc_686343/t1331382.shtml.

目标 8　促进持久、包容和可持续的经济增长,促进充分的生产性就业和人人获得体面工作。

目标 9　建造具备抵御灾害能力的基础设施,促进具有包容性的可持续工业化,推动创新。

目标 10　减少国家内部和国家之间的不平等。

目标 11　建设包容、安全、有抵御灾害能力和可持续的城市和人类社区。

目标 12　采用可持续的消费和生产模式。

目标 13　采取紧急行动应对气候变化及其影响。

目标 14　保护和可持续利用海洋和海洋资源以促进可持续发展。

目标 15　保护、恢复和促进可持续利用陆地生态系统,可持续管理森林,防治荒漠化,制止和扭转土地退化,遏制生物多样性的丧失。

目标 16　创建和平、包容的社会以促进可持续发展,让所有人都能诉诸司法,在各级建立有效、负责和包容的机构。

目标 17　加强执行手段,重振可持续发展全球伙伴关系。

工程和 17 项目标都有着重要的联系。所有社会都在寻求新的活力源泉、更多的资源来消除贫困,真正打造一个持久的和平发展环境。在这个过程中,工程科学技术发挥着重要的作用。UNESCO 是 1945 年在伦敦土木工程学院成立的,在此之后,世界已经发生了翻天覆地的变化,对于工程科学技术的需求与日俱增。鉴于当今全球挑战的复杂性,如资源的持续消耗、气候变化等,未来工程师的教育和培训对于创新性地解决这些挑战,改善人类的生活质量是非常重要的。

针对可持续发展目标 4,即提供包容和公平的优质教育,让全民终身享有学习机会,UNESCO 进一步发布了《教育 2030 仁川宣言》。在这个目标中,要保证包容性的教育能够让人们享有终身的学习机会,要让发展中国家开展更多的学术研究项目,尤其是在高等教育中,工程类和科学类的项目应该有更多。也就是说,在这个目标当中工程教育是一个核心部分,很多教学方式可以让学生为推动可持续发展目标的实现提供一些积极和创造性的解决方案。国际工程教育中心(ICEE)、知识系统服务中心(IKCEST)、奥尔堡大学 PBL 研究中心等教科文组织的二级机构,可以在知识传播和工程教育全球化发展中发挥非常重要的作用。

2021 年 3 月 4 日，以"工程——为了健康地球：庆祝 UNESCO 工程报告"（*Engineering for a Healthy Planet—Celebrating the UNESCO Engineering Report*）为主题的"世界工程日"主活动在联合国教科文组织（UNESCO）总部法国巴黎在线举行。此次活动发布了由中国工程院、清华大学共同支持的 UNESCO 第二部工程报告《工程——支持可持续发展》（*Engineering for Sustainable Development*）。第二部工程报告呼吁联合国教科文组织会员国政府、企业、大学、研究机构、社会公众更加重视工程，并采取切实行动，借助工程推动全球可持续发展目标的实现。报告共分为五章：《工程构建更可持续发展的世界》《人人机会均等》《工程创新与可持续发展目标》《工程教育与可持续发展能力建设》《工程发展的区域趋势》。①

2. WFEO：强调工程对可持续发展的重要作用

世界工程组织联合会（World Federation of Engineering Organization）是一个具有较大影响力的国际非政府组织。该组织于 1968 年 3 月在联合国教科文组织的倡导下建立，总部设在巴黎。作为工程领域的重要机构，该联合会向相关政府以及国际组织等机构提供信息、建议等支持，鼓励应用工程和技术推动全球经济和社会进步，让所有人都拥有平等就职的机会，实现世界和平。

《世界工程组织联合会 2030 年工程计划》（以下简称《2030 计划》）是世界工程组织联合会（World Federation of Engineering Organizations，WFEO）面向未来的工程战略倡议，旨在通过与教育机构、政府、产业和专业工程机构合作，来提升全球可持续发展所需工程能力的计划，同时旨在解决工程专业人员的工程能力和个人素质与教育和专业发展所要求标准的差距问题。

《2030 计划》强调工程及工程师对可持续发展至关重要，即对推进和实现联合国可持续发展目标意义重大。具体而言，工程师在实现可持续性基础设施方面起关键作用。联合国可持续发展目标的实现预计会带来对智慧城市中绿色基础设施的创新，并促进可持续能源资源的发展。此外，工程师在解决气候问题方面也起到重要作用，可为正在枯竭的资源利用实施可持续性方案，尤

---

① 清华大学教育研究院多位教师深度参与的联合国教科文组织第二部工程报告发布，http://www.ioe.tsinghua.edu.cn/info/1175/2378.htm.

其是水资源的利用。

《2030 计划》进一步对未来工程师的需求及其对经济、社会和环境影响方面进行了探讨。国家的工程能力与其经济发展之间存在重要的关联。工程师需对我们所生活的现代世界负责,包括我们居住的房屋、摄入的食物和所使用的交通,一直到电力和洁净水供应。然而,全世界将近一半的人群依然贫穷,数以百万计的人仍缺少足够的食物和卫生条件,因此需要利用工程支持全世界在可持续发展方面取得进展。

根据世界银行报告,基础设施对经济成果、生产力和创新能力产生重大的积极影响。其他研究表明,对具有足够数量工程师的国家而言,基础设施会对其 GDP 产生重大的积极影响。但是,不仅工程师的数量,而且其素质也影响着工程项目的成果,以及项目对经济的贡献。因此,一个国家需要拥有自己的工程师人力资源,从而按照国际标准设计、建造并维护重要的基础设施,进而使其经济效益最大化。

3. ACED:提倡更开放的多样化工程教育

澳大利亚工程学院院长联合会(Australian Council of Engineering Deans,ACED)于 2019 年 4 月发布《工程塑造未来 2035》(Engineering Futures 2035)报告,旨在探讨未来专业工程师所需的知识、技能和属性,以满足 2035 年澳大利亚工程工作性质的预期变化,并探索工程教育的新兴方法。该报告重点展望 2035 年情景,主要关注以下方面:第一,预期影响未来工程的主要变革驱动因素;第二,工程岗位和劳动力市场未来特征的预期变化;第三,工程毕业生寻求进入劳动力市场的期望;第四,这些变化对工程教育的影响。

该报告认为未来工程有如下特点:第一,技术驱动型变革;第二,通用技能日趋重要;第三,更加强调全球性;第四,劳动力和就业的性质发生变化;第五,可持续发展的重要性将进一步凸显。如图 1-8 所示。

其中关于面向 2035 年工程教育,该报告强调:

(1) 多样化工程教育。需增强工程教育及教育成果的多样性,要求项目日益多样化,以此吸引和留住多样化的工程学生。

(2) 人才将越发受到重视。人才的能力素质需求,较以往来看,将更加强调技术专长、工程思维习惯的基础能力,同时面向 2035 年将更强调个人技能、情商交际能力、数字智能及伦理准则。

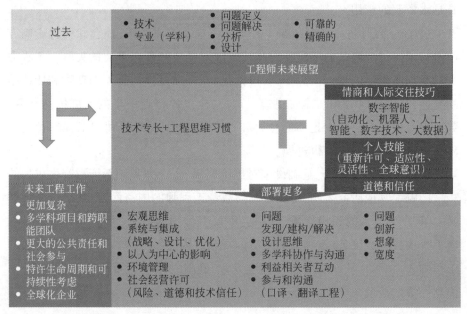

图 1-8　《工程塑造未来 2035》的工程师需求（资料来源：ACED 2035）

（3）更加开放的教学体系。为了满足多样化工程教育需求，以及人才培养需求，该报告指出面向 2035 年，工程教育应更多研讨开放式问题，在发现问题并解决问题中培养工程思维习惯，同时要加强与行业和社区的联系。

（4）实践导向的师资队伍建设。工科教师须以实践为导向，能够更好地与学生打交道并启发学生，选择适当的教学方法，适应工程教育日益广泛的要求。

4. 4TU. CEE：面向未来工程师的创新教育

4TU. Centre for Engineering Education 是荷兰四所理工大学（代尔夫特理工大学、埃因霍温理工大学、特温特大学和瓦赫宁根大学）共同建设的工程教育领域专业知识中心，旨在推进面向未来工程师的创新教育。其职能是：建立连接教师、科学家、支持人员和参与教育创新的国际同事的网络；贡献新想法，构建新框架并尝试新方法；为大学愿景提供投入并帮助实现这些愿景；交流四所大学的最新创新、趋势、工具与研究进展；从事各种主题的研究和专业发展活动，以促进工程教育的创新，通常通过项目、短期实践导向项目、探索性研究来确定有前途的实践，以及更基础的博士研究；组织研讨会和其他学术活动，使教育人员能够了解创新、交流思想并积极参与感兴趣的话题。

（1）4TU. CEE专注于四个主题

①教育未来工程师:包括工程概况;工程师的职业身份;工程师的新能力和技能,例如数字素养技能和创业技能;实现工程配置文件。②跨学科工程教育:包括组织和评估跨学科学习活动;学科、文化和实践之间的合作;跨学科的轨道和项目。③工程教育生态系统:包括现代学习环境中的教与学;丰富灵活的学习条件;挑战、创新空间、孵化器和课外活动;在常规项目和实习之外涉及商业和社会;增强现实和虚拟现实,混合学习解决方案。④大学工程教育卓越教学:包括教师职业道路框架;教育中的高级资格轨迹;创新和专业课程设计中的教师学习。

2020年,该中心相继发布面向2035年及2050年的工程教育发展报告,对未来工程师的能力要求及工程教育未来教学方案进行了描绘。

该方案由一系列措施组成,每项措施都针对整体挑战的特定方面,每个学院机构都有其独特的方案。这些措施不是按重要性排列的,而是围绕技能和思维、教育教学和技术创新、持续/终身教育以及教育战略和领导力这四个方面展开的。

（2）未来工程师

第一,21世纪工程师的技能和态度。包括在课程中培养思维和价值观;赞扬成功打破常规的思维方式;使创新成为课程结构中的主线;将科学、专业诚信和商业道德纳入工程课程;在课程中嵌入技术的跨学科研究;使学生能够在学科的"边缘和十字路口"学习;在技术内容/知识、质量、风险与安全、项目管理、其他(商业)文化知识、与创新有关的能力和情商技能等方面嵌入非技术课程;并将这些课程视为同等重要,使数据素养在所有教育项目中切实可见;赋予学生权利,使他们成为未来职业的发现者、教育经验的设计者、教育变革的推动者和共同创造者,在实验室和创造空间(课内和课外)培养领导力、道德行为、深度合作、科际整合和创造力。

第二,教育教学和技术创新。包括发展敏捷教育,使其能够及时适应变化,并响应迅速变化的行业和雇主需求;增强学生能力,并把重点由教学转至学习,给予学生灵活性和自由选择个人学习路径的权利;鼓励学生利用时间、资源和空间,通过各类课程、研讨会、实习和其他实际生活经验,探讨不同的职业选择;促进循证、反思和同行评议的学术教学;营造一种"带头并引领变革"的文化,鼓励倡议、实验和创新,促进教育系统对变革做出反应;授权员工以数据驱动的方式在短期敏捷迭代中改进和创新教育,传播成果。

第三,持续/终身教育:持续提升技能和再学习。包括鼓励创新的教育方法,(持续)投资于员工专业化,配合教育中的学术职业机会;培养创新能力,赋予在教育方面证明了自我热情、抱负和专业知识的年轻优秀教师(一般在37岁以下)充分信任和自主权;派遣教学人员到工业公司深入了解最新发展,同时邀请公司人员定期课堂授课,激励教师获得专业工程经验和专业知识。

针对教育策略与领导,报告指出:①通过支持性的政策干预和领导,在学院机构层面增强学生和教职员工的灵活性和创业思维,摆脱行政思维,鼓励变革、推广创新的取证学习与教学方法,并确保这些方法成为主流。②扩大数字学习环境,增强大型计算机模拟和大数据分析、机器学习和人工智能的快速升级的能力。③开发大型灵活的学习空间,使教育活动能够与工业界和其他外部机构或组织代表进行高度的物理或数字互动;与计算机、多媒体设备和软件工具网络组成分布式小组,辅之以混合虚拟物理空间,学生可以在其中建模、制作、测试和评估原型。④从多学科领域招聘人才,发展单学科部门的跨学科教育能力,包括工程以外的教育。⑤培养教育领导力,为改变高等教育模式创造愿景、战略和激励机制,促进教学创新。⑥加强教育工作者和企业之间的合作,以分享资源(课堂上的工程从业人员、工程项目和公司实习),共同确定优先事项,并支持帮助员工、个体职业者和未就业者。⑦通过联合平台、专题网络等建立强有力的伙伴关系和建立大学之间的分布式合作网络交流经验,融合地方、区域、国家、国际和多学科观点。⑧通过具有社会相关性的、以学习者为中心的跨学科项目(其中社会相关性是工程学的中心)促进以影响为重点的教育。

工程教育思维具有三个维度。①工程师从事或参与科学技术的方式(从事的本源)。它首先是关于一个人选择在科学和技术领域学习和工作的内在动机。对于一些人来说,这是由主要的社会挑战驱动的对技术解决方案的追求;对于另一些人来说,这是在学科或跨学科中深入探索和详尽了解特定技术现象的渴望。②工程师与社会中其他人一起工作的方式(信任和合作的来源)。一些工程师在一个大型的,不那么个人化的系统中工作时,他们会茁壮成长。他们一开始可能不了解同事,但是,信任同事们拥有工作所需的专业知识,就像信任自己工作系统一样。这些人致力于渐进式的技术改进,将其作为建立优化系统的一部分。其他工程师在小型创业团队中茁壮成长,人际信任建立在直觉判断、亲近和个人接触的基础上。这些人积极主动,具有更多的创业精神,当他们在一个由志同道合的创新者和科技初创企业组成的紧密联系而又充满活力的团队中工作时,其状态最佳。他们喜欢在人际关系网中工作。③工程师应用或创造新知识的方式。这关乎开发周期的速度,快速的创新周期需要对紧迫的困境做出快速反应,并快速产生结果。该维度中的工程师需要具备驾驭差异和管理变化的能力,需要具备在任何组织环境中发现、追求创造新价值和解决问题的机会的意愿和能力。

以 2050 年的时间视野重构工程教育。工程师可能受到社会挑战或技术现象的激励,在一个现实的系统或人际网络中工作,在快速或缓慢的发展周期内工作,或在这两者之间的任意位置工作。某个专业或工程专业的学生可以通过受到社会挑战的激励来展现他们的个人特质,通过人际合作和较慢的发展节奏达到最佳的工作效果。这有助于定义他们特定的专业概况,优化他们特定的能力优势和偏好。

这项研究建议颠覆大学组织。传统的学科部门可能仍然存在,但它们需要转变为提供者,向教育机构提供学科概念知识。因此,工程教育可以按照维度的概念来组织,将每个维度转变成一个独立的教育机构。①参与机构——传授深入研究科学现象的能力,并建立跨学科的知识库,以应对社会挑战;②决策机构——传授如何在一个充满活力的创业团队中同时开展多个专题项目,以及如何利用开放源码、开放数据和开放标准及科学伦理在基于网络的开放创新系统中进行协作;③Pace 机构——传授应对紧急困境和迅速取得成果的能力,不断重构、学习和培养理解世界变化的方式;学习者参与较短的时间周期以及人类和物质的可见性、系统和产品的长期发展。

将这三种机构的理念进一步引向"人格学竞技场"的概念,这是科技大学未来工程教育的另一种组织形式。"人格学竞技场"是一个在研究密集型机构和以职业为中心的机构进行终身学习的科学竞争场的概念。"人格学"这个词来源于个性和技术,它强调教导学生如何在自我成长和社会目标之间建立关系,使他们在确保社会相关性的同时,能动地建立自己的职业道路。在人格学领域,学生可以在大学与公司的共享学习环境中扮演不同的工程角色,无论是面对面的还是在线的,国内的还是国际的。

第三节 各国工程教育发展现状与战略部署[①]

为把握国际工程教育趋势,本部分重点对主要国家工程教育发展的基本状态数据进行初步分析。分别选取五个发达国家美国、德国、日本、法国、英

---

① 各国工程教育现状扫描部分由清华大学课题组根据相关数据统计梳理。

国,以及五个新兴经济体中国、巴西、印度、南非、俄罗斯为研究对象进行多维度、多层次比较。

工程教育是一个复杂系统,不仅受到工程科技发展的影响,也与经济社会发展具有密切的关系。为了阐述工程教育发展状况,需要确定分析的关键指标。根据课题组的前期研究,我们认为以下方面对于工程教育发展至关重要。

高等教育发展状况。高等教育大发展是近代以来世界发展的最重要成就之一,也是一个国家人力资源储备的重要标志。一些发达国家和新兴经济体,都强调将教育优先作为国家战略,加大教育支出。随着社会需求的增长和高等教育支出的加大,一些发达国家先后从高等教育大众化阶段进入到普及化阶段,世界高等教育的竞争将日益加剧。考虑到数据可比性和可得性,本部分主要选取高等教育总规模和高等教育毛入学率两个关键指标考察上述国家高等教育发展的状况。

高等工程教育发展状况。工程教育是未来工程科技人力资源开发的基石,没有高水平的工程教育,就没有高水平的工程师。虽然处于不同的发展阶段,但是发达国家和新兴国家都将高等工程教育作为提高国家人力资源禀赋的重要组成部分。从宏观上考察高等工程教育发展状况,可以从高等工程教育规模及其在整个高等教育中的地位来考虑。本节主要选取高等工程教育在校生数及其占高等教育在校生数的比例,高等工程教育毕业生数及其占高等教育毕业生数的比例作为主要观察指标。同时,为了考察女生学习工科的情况,也考察了部分与性别有关的指标。

教育支出状况。教育支出是教育发展的根本物质基础。教育支出与国家经济实力、教育财政政策及教育吸纳市场资源的能力密切相关。考虑到世界各国教育财政政策和市场化机制差别很大,本节主要考察教育支出的总量及其占 GDP 的比例。

国家研发投入状况。研发投入是国家创新的基本物质保障,发达国家的发展进程表明,确保研发投入的长期稳定,是建设科技强国的必要条件。政府和企业如果没有充足的研发经费投入,科技创新无从谈起。研发投入与国家经济实力密切相关,因此,本部分不仅要考虑投入的总规模,也要考虑研发投入在国家 GDP 中所占的比例(研发强度)。

国家研发人员状况。随着高等教育特别是高等工程教育的发展,发达国家和新兴国家的劳动力人口素质在不断提升。拥有一定数量和高质量的研发人员,日益成为人力资源强国的重要标志。但是由于各国人口规模差距很大,仅仅考虑研发人员总数还不足以显示一个国家的人力资源禀赋,本部分同时选取百万人口中研发人员数量这一指标,对各国的研发人力资源状况进行比较。

高技术制造业增加值。世界历次工业革命发展历史表明,制造业在工业强国发展中居于核心地位。新一轮工业革命,将是以智能制造关键技术为核心的竞争。特别是 2008 年世界金融危机后,美国等发达国家越来越重视先进制造业在国家竞争中不可替代的地位。制造业也是中美贸易战的主战场,在未来很长一段时间,制造业将是大国竞争的关键领域。高技术制造业对国民经济的贡献,也是发达国家和新兴国家关注的焦点。本部分重点考察各国高技术制造业增加值总规模及其在 GDP 中所占的份额。

总之,以上指标涉及工程教育发展的人力资源状况,包括高等教育总规模与毛入学率,高等工程教育在校生数及所占比例,高等工程教育毕业生数及所占比例,研发人员总量与百万人口中研发人员数量;也包括教育发展和科技创新的基本物质条件,包括教育支出与研发投入。同时,也着重考察制造业附加值对 GDP 的贡献。通过这些指标,将工程教育与科技创新联系起来,将工业发展(特别是制造业发展)与经济发展联系起来。

本节对以上关键指标进行分析,其目的是:第一,对每个国家从以上指标进行多维度分析,客观描述各自的"优势"与"短板"。第二,组合指标分析。考虑到各指标的关联性,单一的绝对值指标或相对值指标只能代表某一角度,将指标绝对值与相对值结合,将不同指标相结合,更能反映指标之间的关系。第三,对一些指标,从时间序列进行分析,能够描述不同国家在各个指标上的历时性表现和发展趋势。

需要说明的是,本部分不进行综合排名。因为在很多情况下,排名的结果是由指标选取的主观性和权重的主观性决定的,而不仅仅取决于指标表现。因此,本部分主要采用多维分析的方法,讨论主要国家工程教育的发展态势。

1. 研究方法论

本研究的主要数据来源为世界银行、联合国教科文组织、经济合作与发展组织、美国《工程与科技指标 2018》等。具体在数据分析中注明。除特殊说明外,相关图表由课题组绘制。

为了实现数据可比,对数据进行标准化处理。考虑到数据更新时间与各维度指标数据的完整性,截取 2018 年时间截面的高等教育工科在校生数、高等教育工科毕业生数、高等教育工科毕业生女性占比、每百万人口研发人员、教育支出、研发投入、制造业附加值 7 项指标。由于各个维度之间数值差异较大且单位不同,无法进行同一水平的比较,故对原始数据进行无量纲化处理。

主要采用极差标准化处理。首先整理出 2018 年 10 个国家的 7 项指标的数据,其次利用 Excel 公式对整理的数据进行处理,即对 10 个国家每项指标均极差标准化处理。公式如下:

$$X' = \frac{X - X_{\min}}{X_{\max} - X_{\min}}$$

式中:X' 指极差标准化处理的数据;

$X_{\min}$ 指 2018 年每个维度 10 个国家中数据最小值;

$X_{\max}$ 指 2018 年每个维度 10 个国家中数据最大值。

经过极差标准化处理的数据均在 $[0,1]$ 之间(见表 1-2)。

表 1-2　各指标数据极差标准化处理的结果①

国家	工科在校生数	工科毕业生数	高等教育工科毕业生女性占比	每百万居民研发人员数	研发投入	政府教育支出	制造业附加值
美国	0.20	0.18	0.30	—	1.00	1.00	0.59
德国	0.08	0.07	0.31	1.00	0.24	0.20	0.20
俄罗斯	0.25	0.22	—	0.59	0.06	0.06	0.04

为更好地进行可视化,对处理后的数据 X' 再次进行五分制化。以每个维度的数据最大值为 5,每一列数据进行五分制变换。即:

$$X'' = 5 \times \frac{X'}{X'_{\max}}$$

式中:X'' 指五分制处理后的数据;

X' 指每个维度标准化处理后的数据;

$X'_{\max}$ 指每个维度(每一列)数据的最大值。

详见表 1-3。

---

① "—"表示原始数据缺失;2018 年数据中,少部分国家部分指标缺失,若整体趋势变化不大,则采取相邻年份数据补充。

表 1-3　各指标数据五分制处理后的结果

国家	工科在校生数	工科毕业生数	高等教育工科毕业生女性占比	每百万居民研发人员数	研发投入	政府教育支出	制造业附加值
美国	0.99	0.91	1.49	—	5.00	5.00	2.96
德国	0.38	0.34	1.57	5.00	1.18	0.98	0.98
俄罗斯	1.24	1.10	—	2.96	0.31	0.32	0.22

以上数据主要反映各国在不同维度上指标的标准化值。选取 2018 年的数据绘制雷达图。其中,由于俄罗斯高等教育工科毕业生女性占比,美国每百万居民研发人员数等数据缺失,表现在雷达图中为 0。

2. 美国

(1) 美国工程教育现状扫描

从图 1-9 中可以看出,美国在 7 项指标上的表现并不均衡。其中政府教育支出、研发投入两项指标数据在本课题研究的主要发达国家和新兴经济体中表现最好。这与美国 GDP 的总规模以及对教育和研发的重视密切相关。

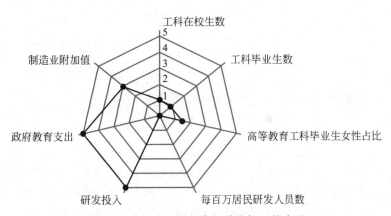

图 1-9　美国在工程教育相关指标上的表现

资料来源:UIS. Stat、OECD. Stat、世界银行数据库制图:ICEE 课题组

美国的制造业附加值排序次之。美国是世界制造业强国,德勤"2016 年全球制造业竞争指数"表明,美国制造业竞争力排名第二。该报告预计到 2020 年,美国将超越中国成为全球制造业竞争力排名第一的国家。这表明美国制

造业竞争力的优势仍将长期保持。

美国工科毕业生数、工科在校生数、高等教育工科毕业生女性占比三项指标，相较于其他指标位次较低。与财力资源投入相比，美国工程教育的人力资源后备力量在数量上面临一定挑战，由于美国是移民国家，吸引世界各国科技人员的移民仍然可以长期使其保持领先地位，但是随着美国国内政策趋向保守和排外，工程职业环境的不确定性正在增加，一些发展中国家例如中国在美留学人员回流。美国女性学习工科的比例较低，工程教育中的性别平等问题仍然会长期存在，也将影响工程职业中女性的参与。

（2）美国工程教育政策及其特点①

美国近年来以"大挑战计划"为开端，对工程教育及 STEM 的联通进行了广泛政策部署，具体如表 1-4 所示。

表 1-4　美国 2010 年后出台的工程教育政策

时间（年）	发布机构	政策名称	核心内容
2010	工程院	21 世纪工程教育的环境与挑战	"大挑战学者计划""大挑战 K12 合作伙伴计划"
2010	国家科学委员会	培养下一代 STEM 创新者：识别和开发美国的人力资本	为优秀人才提供机会，激发所有学生的潜力；孕育培养和表彰优秀者及创新思想的支撑性生态系统
2010	总统行政办公室、总统科技顾问委员会	训练与激励：事关美国前途的 K12 STEM 教育	训练、激励所有学生学习 STEM 并从事 STEM 相关职业
2012	国防部、能源部、商务部、国家航空航天局、国家科学基金会等	国家制造业创新网络计划（NNMI）	建立全美产业界和学术界间有效的制造业研发基础、解决美国制造业创新和产业化的相关问题

① 美国工程教育政策根据系列政策原文，NSF 相关研究报告，清华大学、浙江大学相关研究报告等材料梳理。

24

续表

时间(年)	发布机构	政策名称	核心内容
2015	白宫国家经济委员会与科技政策办公室	创新美国战略	国家重点工作突破性进展;未来新视野
2016	国家科学基金会、国家科学与工程统计中心、社会行为与经济科学理事会	评估框架变化对趋势数据的影响:基于对科学和工程研究生和博士后的调查	科技、工程、健康领域发展方向趋于计算机科学和心理学而非工程和健康;女性、少数民族、在职群体增加
2016	国家科学基金会工程理事会、计算机与信息科学与工程理事会、教育与人力资源理事会	工程师职业养成:工程与计算机科学部门改革	通过工程和计算机科学部门重大可持续变革,更好地培养工程和计算机科学学生应对21世纪的挑战
2016	美国陆军部	2016—2045 年新兴科技趋势报告	面向未来的新兴科技趋势预测
2019 年 2 月 11 日	美国签署行政命令	人工智能倡议	具备 AI 知识的员工,包括从技术新手到能够使用基于 AI 工具的人员,以及在 AI 的最前沿创造出下一个创新的专家,其能力范围广泛。为准备 AI 的员工队伍,需要更加关注 STEM 教育人才和技术学徒参加技能培训和终身学习计划,以使美国人的技能更好地适应行业需求。联邦政府在实现这些目标方面正在取得重大进展。所有这些努力都需要学术界、工业界以及联邦、州和地方政府之间的协调伙伴关系。根据美国 AI 倡议的指示,AI 特选委员会将向美国全国工人委员会提供有关教育和劳动力提升专业知识的建议,以培养适合 AI 的劳动力。这些建议将作为美国国民委员会的一部分纳入其中

资料来源:清华大学、浙江大学课题组整理。

第一，大挑战学者计划：应对社会挑战培养新型工程师

"大挑战学者计划"意在培养能解决 21 世纪社会面临的大挑战的新型工程师。他们必须具备：创造性才能、为人类基本需求提供实用的解决方案、开发新的创新机会、改造人类之间的互动、能够系统思考、构建可持续发展的社会、留意意想不到的后果以及连接技术与社会。为培养科技专家和劳动力应对挑战，不仅必须对大学层面，还要对 K12 阶段施加影响。因此，美国工程院提出"大挑战 K12 合作伙伴计划"，即把大挑战整合到 K12 学生和教师生活中。

第二，培养下一代 STEM 创新者：识别和开发美国的人力资本

"STEM 创新者"是指那些把专业技能的人才培养成重要的 STEM 专家的个人，或者在科学和技术认识上有重大突破或进步的创造者。为识别和培养下一代 STEM 创新者，国家科学委员会提出三个重要建议：为优秀人才提供机会；广泛识别并确定各类人才，培养所有学生的潜力；孕育培养和表彰优秀者及创新思想的支撑性生态系统。

第三，工程师职业养成：推进工程与计算机科学部门改革

工程和计算机科学部门面临的共同挑战是，如何将技术技能和专业技能融入课程当中，如何促进和激励教员参与变革的过程，以及如何创造一种欢迎所有类型师生的包容性文化。所谓工程师职业养成是指通过正式及非正式过程提升工程师和计算机科学家专业领域的伦理责任，以提高所有人的生活质量。职业养成包括但不限于：任何年龄的专业介绍；在正式和非正式场合或领域获得深厚技术和专业技能、知识与能力；前景、观点以及思考求知与做事的方式；发展作为一名有责任的技术专家的认同感；专业、专业标准以及规范的文化互渗。

从美国近年来出台的工程教育政策文件关键词中可知，STEM——科学、技术、工程、数学是美国一直以来重点关注的领域，同时，通过"大挑战计划"的载体，推进工程教育链条的贯通亦是重要特色。相应地，在近些年的工程科技人才、工程师的培养上，美国注重强调工程人才需要具备基本 STEM 能力、过硬的专业技能、工程伦理以及实践动手能力等基本素养。

3. 德国

（1）德国工程教育现状扫描

在德国 7 项指标中（见图 1-10），每百万居民研发人员数的排名第一，高等

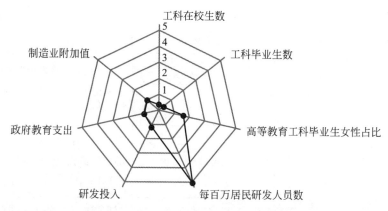

图 1-10　德国在工程教育相关指标上的表现

资料来源：UIS. Stat、OECD. Stat、世界银行数据库

教育工科毕业生女性占比也较高，但在选取的发达国家中，这一指标并未占据优势。政府教育支出、研发投入总量在选取国家中并未有明显优势，这与国家 GDP 总量有关。制造业附加值与工程毕业生数、在校生数排序低，从规模总量上看，这三个指标在已有数据国家中优势并不明显。总体来看，德国研发人力资源表现突出，但要实现工程教育人力资源可持续发展需要财政支持，在此基础上进行人力资源输出与价值再创造，为保持制造业竞争力提供智力支持。

（2）德国工程教育政策及其特点①

2014 年，德国提出工业 4.0 战略，智能化、数字化是德国近年乃至面向未来的工程发展的重要特点。具体政策如表 1-5 所示。

表 1-5　德国 2010 年后出台的工程教育政策

时间（年）	发布机构	政策名称	核心内容
2010	德国联邦教研部	《德国 2020 高科技战略》	重点关注 5 个领域：气候/能源、保健/营养、物流、安全性和通信
2013	德国"工业革命 4.0 工作组"	《把握德国制造业的未来——关于实施工业 4.0 战略的建议》	工业 4.0 主要分为两大主题。一是"智能工厂"，二是"智能生产"

① 德国工程教育政策根据系列政策原文，中国科技部网站国外科技动态板块，工业 4.0 研究院系列研究成果，清华大学、浙江大学相关研究报告等材料梳理。

续表

时间(年)	发布机构	政策名称	核心内容
2014	德国联邦经济与能源部	《2014—2017年数字化议程》	突出"数字经济发展",提出打造具有国际竞争力"数字强国"的战略目标
2015	联邦德国政府	智能化联网战略	"2014—2017年数字化议程"的实施措施,包含经济界的代表们提出的建议
2016	德国联邦经济与能源部	《数字经济2025》	提出迈向未来的十个步骤,包括移动技术、智能化技术、大数据等前沿领域和技术等
2019	德国联邦经济与能源部	《德国工业战略2030》	总体目标为稳固并重振德国经济和科技水平,深化工业4.0战略,推动德国工业全方位升级,保持德国工业在欧洲和全球竞争中的仍然领先

资料来源:清华大学、浙江大学课题组整理。

第一,《德国2020高科技战略》着力发展对未来有重要影响的项目

该战略基于德国高科技战略的成功模式,强调聚焦于全球挑战、着眼未来和面向欧洲等战略新重点,指出五大国家需求领域和重大历史使命取向的开端。①聚焦在重要的五大国家需求领域:气候与能源、健康与营养、物流、安全、通信。②重大历史使命取向的开端包括未来项目和关键技术。其中"未来项目"须具有未来10年甚至15年发展的具体目标和远景,这些项目不仅要符合未来可持续创新战略的长期要求,同时也必须是中期发展路线图的基础。

第二,《把握德国制造业的未来——关于实施工业4.0战略的建议》重视智能工厂和智能生产

该报告是官、产、学专家组成的德国"工业革命4.0工作组"在2013年4月举办的2013汉诺威展览会(Hannover Messe 2013)发表的最终报告,以充分挖掘信息技术促进工业发展的潜力,抢抓新工业革命的先机。工业4.0的概念是以智能制造为主导的第四次工业革命,旨在通过充分利用信息物理融合系统(CPS),将先进制造业向智能型转化,建立高度灵活的个性化和数字化产品生产机制。工业4.0主要分为两大主题,一是"智能工厂",研究智能化生产系统及过程,以及网络化分布式生产设施的实现;二是"智能生产",主要涉及整个企业的生产物流管理、人机互动以及3D技术在工业生产过程中的应用。

第三,《德国工业战略2030》再次凸显振兴制造业重要性

《德国工业战略2030》开篇指出2030年国家工业战略目标是与工业界的利益相关者一道,在所有相关领域的国家、欧洲和全球层面确保和恢复经济和技术能力、竞争力和产业领导。到2030年,逐步将制造业增加值在德国和欧盟的增加值总额(GVA)中所占的比重分别扩大到25%和20%。

4. 俄罗斯

(1) 俄罗斯工程教育现状扫描

俄罗斯在选取的7项指标中(见图1-11),每百万居民研发人员数排序较高,工科毕业生数与在校生数排序相当,说明俄罗斯工程教育与科技发展的人力资源总量尚有较大潜力。在教育支出、研发投入的排序均很靠后,相比较人力资源,俄罗斯工程教育与科技发展的财力资源供给还存在较大差距。其中,俄罗斯的制造业附加值在有数据的国家中排名最低。总体上,俄罗斯工程教育与科技发展的人力资源有一定保障,但在财政投入方面还有较大的提升空间。此外,制造业对经济发展的贡献也明显不足。

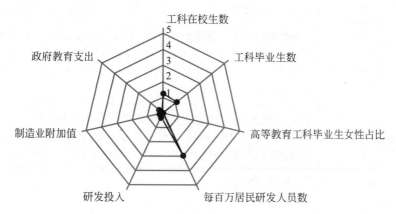

图1-11　俄罗斯在工程教育相关指标上的表现

资料来源:UIS. Stat、OECD. Stat、世界银行数据库,制图:ICEE课题组

（2）俄罗斯工程教育政策及其特点①

为促进工程教育变革发展，俄罗斯制定一系列先进战略，涉及工程师、工程项目、团队建设、研究方法等多项内容（见表1-6）。俄联邦教育科学部长在2011年3月30日俄联邦总统经济现代化和技术发展委员会会议上重点提出建设"俄罗斯的工程教育"。鉴于此，俄联邦政府连续发布第218、219、220号命令，要求在2010—2013年开展高校与工业的合作，发展高校创新基础设施，吸引著名学者走进高校；2011—2020年吸引高校实施国有公司创新发展规划，参与技术平台；2012—2016年共有55所大学出台战略发展规划。同时在工程教育领域推广多项先进战略。

表1-6　俄罗斯工程教育政策

政策名称	核心内容
工程师职业能力培养的综合	能力导向方式、工程项目培养方式（包括实践导向、课题导向、项目培养等方法）、跨学科/多学科方法代替狭隘专门化方法、团队培养、以独立信息检索为基础的方法、背景教学（广义理解工程活动的技术、社会经济、法律、生态、文化背景）
经历实际工程项目的工程教育	工程专业培养的课题导向方法和创新导向方法一样能够将学生的注意力集中在分析、研究和解决某一具体课题上。研究的课题最大限度促进学生有意地获取该课题所需要知识，而跨学科/多学科培养方法能够教会学生独立从不同学科领域"采集"知识，在所解决的具体课题背景下对其进行分类和精选，研究并掌握具有世界水平的高新技术
虚拟跨学科/多学科工程项目团队	工程师应该具备广泛的科学素养，掌握各方面知识，包括自然科学、技术、经济学、社会和人文科学、高新技术等。现代工程师应该是既具有世界水平的专业人士，也是综合科技项目的组织者、协调者与管理者
创新工程项目	教师、研究生、大学生通过应用跨行业技术和高科技设备（基本的"计算设备—软件—硬件"）在大学的主要科学和工程训练基础上、在跨学科/多学科团队范围内实际解决工业的综合课题

资料来源：清华大学、浙江大学课题组整理。

---

①　有关俄罗斯工程教育政策，根据如下材料整理：《现代工程教育》（哈尔滨工业大学提供的中译本；载中国工程院内刊《国际工程教育前沿与进展》2013年第7卷第3季）；朱凌，李文，孔寒冰. 变革中的俄罗斯现代工程教育——从两份咨询研究报告的出台谈起[J]. 高等工程教育研究，2014（3）：106-111；杜岩岩. 俄罗斯工程教育全球战略的目标及实施路径[J]. 教育研究，2016，37（4）：134-139.

2019 年,俄罗斯发布《关于发展俄罗斯人工智能》的文件,其中指出提高人工智能人才供应水平及公众对人工智能认知水平。工作重点包括:在各级教育计划中引入编程、数据分析、机器学习等教育模块;吸引从事人工智能的企业机构参与教育活动;增加学生智力创造力培养的竞赛活动;吸引顶尖专家来俄工作;普及人工智能知识。

从俄罗斯 2010 年之后出台的一系列工程教育政策文件中可知,高科技、计算、智能化领域是俄罗斯政府关注的重点;在此基础上,培养工程师的跨学科和多学科能力、创新能力、实践能力以及团队合作能力是工程教育的重点工作。

综上所述,面向未来的工程教育,美国、德国、俄罗斯均出台了相应政策与措施,促进工科发展及相互融合,并进一步引发了工程教育变革。美国开始重新重视制造业和实体经济的发展,注重将前沿科技用于解决重大社会问题。为了推动这项重大战略任务,培养工程科技人才和工程师,美国一直将青少年的 STEM——科学、技术、工程、数学教育作为重点发展领域,注重工程教育链条贯通。德国以工业 4.0 为代表的工程教育政策中提出新一代工业革命中智能化是不可逆转的趋势,数字化是发展的基础,进而聚焦在国家需求领域,提出符合未来可持续创新战略的发展规划,大力推动数字化和智能化在德国工程教育中的发展,促进工程科技和产业之间的紧密合作,有目的地扩展尖端技术,着力打造数字强国,从而促进先进制造业向智能型转化。俄罗斯致力于优化高科技计算工程,扩大知识再生产的智力环境,制定众多先进战略,以应对第四次工业革命中的计算和智能化趋势。俄罗斯的改革涉及工程师、工程项目、团队建设、研究方法等多项内容,通过虚拟跨学科、多学科团队等方式培养具备广泛的科学素养、跨学科知识和丰富实践能力的创新型工程师。

第二章　工程教育模式创新探索

第一节　国际工程教育模式比较

基于真实工程实践情境、以"学生为中心"是一个经过充分研究与实践的工程教育模式,包括基于问题学习(PBL)模式、CDIO 模式、基于探究学习模式、基于设计学习模式和基于挑战学习模式,都具有重要的教育影响与良好实践效果。

1. 基于工程实践

1) CDIO

CDIO(Conceive-Design-Inplement-Operate,构思—设计—实施—操作)源于 1998 年 MIT 开始的《CDIO 教学大纲》的制定。它的目的是解决这样的问题,即"工程专业学生在毕业时应具备的知识、技能和态度是什么?"《CDIO 大纲》根据工程师作为专业从业者应具备的能力,即构思、设计、实施和操作产品和系统的能力要求,列出了工程类毕业生的必备素质并对其进行了分类。这项工作的明确提出是对传统工程教育的反应。据观察,近年来工程教育的教学过程中工程科学正在迅速取代工程实践,成为当下工程教育机构的主流。与几十年前相比,拥有工程师工作经验的教员少得多,与专业实践有关的价值观在大学组织中迅速消失。美国工程院院士、麻省理工学院(MIT)教授爱德华·克劳利(Edward Crawley)认为工程教育已经与工程实践脱节。

可以说,CDIO 模式的兴起是工程教育回归工程实践最重要的探索,它继续了 MIT 工学院 1992 年左右提出的大 E 工程理念,现在又接续了 NEET 改革,是一个有体系的工程教育模式。

（1）基本标准

在 CDIO 发展史上,需要将 CDIO 计划与任何其他计划区分开来。随着合作者数量的增加,有必要在广泛的项目和机构中容纳更多不同的实施方式。虽然《CDIO 教学大纲》涉及学生毕业后应该能够做什么,但它并不是规定性的。大纲文件应被视为一种工具,以支持项目在指定其自身目标的过程中,并在考虑所有当地需求和条件的情况下制定预期的学习成果。如果《CDIO 教学大纲》是规定性的,那么该倡议将无法适应这些方面的多样性。因此,使用《CDIO 教学大纲》不能成为 CDIO 项目的一个基本要素。相反,成为显著特征的是如何运行教育改革的过程。《CDIO 教学大纲》列出了期望的学习成果——解决毕业生应该能够做什么的问题。2006 年,工程教育的发展过程被记录在 12 个 CDIO 标准中(见表 2-1)。

表 2-1　CDIO 标准

标准 1——背景 *
　　采用产品、流程和系统生命周期的发展和部署——构思、设计、实施和运行——的原则,是工程教育的背景

标准 2——学习成果 *
　　在个人和人际交往技能、产品、流程和系统建设技能以及学科知识方面,有具体、详细的学习成果,与项目目标一致,并得到项目利益相关者的验证

标准 3——综合课程 *
　　用相互支持的学科设计课程,有明确的计划来综合个人和人际关系技能,以及产品、流程和系统建设技能

标准 4——工程简介
　　通过介绍性课程,为产品、流程和系统建设方面的工程实践提供框架,并介绍基本的个人和人际交往技能

标准 5——设计-实施经验 *
　　课程包括两个或更多的设计实施经验,包括一个基础水平和一个高级水平

标准 6——工程工作台
　　工程工作空间和实验室,支持和鼓励对产品、流程和系统建设、学科知识和社会问题的实践学习

续表

标准 7——综合学习经验 *

整合的学习经验，以获得学科知识，以及个人和人际交往技能，以及产品、流程和系统建设技能

标准 8——主动学习

基于主动体验式学习方法的教与学

标准 9——提高教师的能力 *

提高教师在个人和人际交往技能，以及产品、流程和系统建设方面的能力

标准 10——提高教师的教学能力

提高教师在提供综合学习经验、使用积极的体验式学习方法和评估学生学习方面的能力

标准 11——学习评估 *

评估学生在个人和人际交往技能，以及产品、流程和系统建设技能方面的学习，以及学科知识方面的学习

标准 12——项目评估

根据以上标准对项目进行评估的系统，并向学生、教师和其他利益相关者提供反馈，以实现持续改进的目的

在这 12 项标准中，有 7 项（表中标有星号）被认为是基本标准。这些基本标准共同规定了制定 CDIO 课程的最基本方法。首先要认识到教育的目的是为工程实践做准备——换句话说，是为了构思、设计、实施和操作产品、流程和系统（标准 1）。通过与利益相关者讨论，制定预期的学习成果，包括学科知识和专业实践所需的技能（标准 2）。设计一个由多门课组成的课程体系，学生的专业工程技能发展与学科主导的学习相结合，并对这两方面进行评估（标准 3、标准 7 和标准 11），包括至少两个学习经历，让学生设计、实施和测试产品、流程或系统（标准 5）。

CDIO 标准可以看作是改进工程教育的建议，是一套以系统方式实现变革的原则。主要的价值不在于任何一个标准的单独存在，而在于把它们放在一起，形成一个全面的方法。对于许多项目负责人来说，这些标准代表了一个路线图，一个有用的待办事项清单。CDIO 标准文件已经配备了用于这 12 个方面对项目进行评级的评分标准。

（2）课程设计

CDIO 的发展集中在设计和实施课程,以支持学生发展专业技能,提升他们对工程工作过程的理解,并增强他们在工程组织中工作和合作的能力。为了达到这些学习成果的要求,在大多数项目中,有必要在学习活动中增加基于问题和项目组织的份额。在 CDIO 中,最显著的特点是通过引入"设计—实施经验",以及通过在综合课程中应用体验式学习方法来实现。

以学科为主导的学习在 CDIO 中占有非常突出的地位,事实上,其首要目标是加深对学科基础知识的理解,因为这也是专业实践、问题解决和创新的必要基础。只要学科主导的课程运作良好,它们就能提供对知识体系进行系统处理的重要价值。因此,在相互支持的学科课程中改善学生的学习,是 CDIO 的一个重要焦点。

工科毕业生需要问题导向学习和学科导向学习这两种类型的学习成果,因此这两种方法都是必要的。其有效性在于设计和实施两种方法相互支持的课程,有效地利用教育资源。通过综合课程,CDIO 积极致力于调和关于学科导向学习和问题导向学习中的非此即彼(零和)思维。其目的是将这两种学习模式结合起来,使它们相互赋予对方意义,以取得工程项目的全部学习成果。

CDIO 所描述的过程是一种自上而下的结构化课程开发方法。简而言之,出发点是在分析利益相关者的需求、背景和条件的基础上,确立毕业生的愿景。这些高层次的目标被转化为课程学习成果,包含明确的专业技能以及学科知识的学习成果,并得到利益相关者的验证。然后,设计一个课程结构,考虑到跨学科的联系,并系统和明确地协调每门课程的贡献。

最后,通过这些课程,同时获得学科知识和专业技能。教学原则是,由于课程的预期学习成果同时涉及学科知识和专业技能,这也应反映在学习活动的评估系统中。

（3）教育生态

CDIO 是在四个创始成员机构的联合活动中发展起来的,从 2002 年左右开始有新的合作者加入。CDIO 理事会是由创始机构的代表和首批加入的 6 个合作者组成。这一管理结构现在正被一个更加民主的组织所取代,以更好地反映和服务于当前的合作者和活动。成为 CDIO 合作者有一个简单而正式的程序——向 CDIO 理事会提出申请,由理事会授予合作者地位。到目前为止,大约有 80 个 CDIO 合作者分布在世界各地。CDIO 理事会也控制着 CDIO

的定义性文件，即《CDIO 大纲》和《CDIO 标准》。

从 2005 年开始，CDIO 在其年度国际会议（6 月）和较小的全球 CDIO 会议（10 月/11 月）上举行会议。这些会议不仅对正式合作者开放，而且对任何对工程教育感兴趣的人开放。大量的会议论文已经发表在年度会议的论文集中。此外，早期合作者写了一本关于 CDIO 方法的书，于 2007 年出版。CDIO 网站包含了资源和联系人，作为任何对该想法感兴趣人的起点。

大多数 CDIO 出版物的特点是专注于分享工程教育发展的实践。这是一个自然的启示，因为 CDIO 主要是工程学院的教师改革教育的努力。CDIO 首先是一种改革工程教育的努力。任何出版物都被看作教育发展本身的副产品，或从这一实践中得到的教训。

2）NEET

2017 年，MIT 在 CDIO 模式基础上探索新工程教育转型（New Engineering Education Transformation，NEET）计划，关注新机器和新系统。新机器和新系统是工程师建造的人工产物的统称——包括机械类、分子类、生物类、信息类和能量结构。这些是毕业生在离开麻省理工学院后将在职业生涯中建造的人工产物。大多数工程项目的组织和结构，尤其是在美国，都是围绕孤立的学科（土木、机械、电气、化工等）及其机器进行的。在认证过程的强化下，这种课程结构非常具有可重复性、规范性，并且擅长培养某些"类型"的工程师——这种情况随后被许多使用标签来指导其招聘员工的公司所强化。已建立的专业组织［美国机械工程师协会（ASME）、电气和电子工程师协会（IEEE）］进一步使"学科孤岛"长期存在。让年轻人准备设计"新机器"意味着以非常不同的方式对待他们的整体培训，必须积极努力克服学术惰性、认证和专业社会中的保守影响以及大公司的招聘做法。未来的工科学生必须能够在复杂的、高度网络化的机器和系统上工作，这些机器和系统是更大系统的一部分，具有更高的自主性并支持可持续的环境。

是什么让这些机器变得新颖，并且与 NEET 的方法相关？是现代科学和技术变化的程度、性质和速度。当今的执业工程师中很少有人接受过决定毕业生职业生涯的整个领域的培训。例如，未来的新机器很可能通过以下方式得到促进：

- 机器学习
- 物联网

- 自主和机器人系统
- 新型材料设计与制造系统
- 智能电网、城市和城市基础设施
- 可持续材料和能源系统
- 人工智能驱动的医疗诊断和治疗

新工程教育转型（NEET）计划的核心价值观适用于整个工学院,包括其注册学生、领导者、教师、职员、讲师和其他 NEET 员工。NEET 的价值观与MIT 的价值观相辅相成,即有用的知识、社会责任、边干边学、教育为生活做好准备,以及基础价值。NEET 的价值观植根于 MIT 的使命,即教育学生成为应对 21 世纪最大挑战的领导者。这些价值观指导 NEET 的决策,并激励 NEET推进每个人都能茁壮成长。预计所有倡导 NEET 活动的成员都会积极支持和推广这些价值观。具体如下:

- 重视多样性和包容性,所有学生、领导、教师、职员、讲师和其他所有种族、性取向和性别、身体和心理能力的 NEET 工作人员,以及成员同等受到重视和珍惜。
- 重视本科工程和科学教育中的多学科、协作、基于项目的学习。
- 重视学生以挑战的方式学习、发现和创造,以学生的热情和兴趣为动力,并得到麻省理工学院的教师、教授和专家的支持。
- 重视培养学生作为全球领导者、工程师和科学家为社会做出贡献所需的态度和技能。
- 重视来自不同部门和学科的学生、讲师、教职员工和其他人之间公开透明的沟通。

在新工程教育转型计划中,多样性、公平性和包容性自然而然地演变,并且成为价值观的内在因素。作为一个由学生、教育工作者、讲师、教职员工、管理人员和扩展合作伙伴组成的群体,NEET 坚定地致力于促进和支持这些理想。NEET 相信,当 NEET 接受并欢迎群体中的观点和经历的多样性——种族、宗教、社会和经济背景、政治态度、残疾、性别、性取向和国籍时,NEET 会蓬勃发展。NEET 的共同目标是:通过教育、研究和创新,创造一个更美好的世界。

NEET 课程——被称为"课程组"——为学生提供前所未有的机会,让他们在获得所选专业学位的同时,参与跨学科领域的项目。

关于先进材料机器（Advanced Materials Machines，AMM）。在先进材料机器课程中，将探索未来的新型材料、技术和工艺。为了获得工程学院的 NEET 先进材料机器证书，学生需要完成以下要求（除非另有说明，所有班级均为 12 个学分）：

- 入门项目课程（推荐大二秋季）：材料与机械设计概论（6 学分）或替代课程

- 中级项目课程（推荐大三）：设计和制造 II 或替代方案

- 高级别的项目课程（推荐大三和/或大四）：推荐以下任意两项：材料工程实验室，工程系统设计，工程系统开发，高分子科学实验室，UROP 材料和制造，机械工程专业或其他高级工程班

- 研讨会（参加 3 年 3 个学期，可以做更多）：演讲者系列、职业投入和实践活动（每学期 3 学分）

- 建议的基础科目（非必修）：材料科学与工程基础，力学与材料 I，材料加工或热流体工程 I，材料力学（或力学与材料 I 和力学与材料 II）

在自主机器（Autonomous Machines）课程组中，包含自主机器和机器人设计、构建和部署机械系统、软件和自主算法。NEET 学习计划包括几个基于项目的课程，可培养个人和团队技能，以处理在工业环境中遇到的复杂问题。除了基于项目的课程外，还将通过与研究人员和 MIT-UROP 的联系，支持 MIT 进行自主机器和机器人技术的本科研究。除了校内活动外，还将有机会与企业赞助商进行自主/机器人方面的暑期实习。为了获得工学院的 NEET 自主机器证书，学生需要完成以下要求（除非另有说明，所有班级均为 12 个学分）：

- 大二，秋季：自主机器简介（6 学分），春季：设计与制造 I，自主机器

- 大三，秋季：初级研讨会（3 学分），秋季或春季：从以下项目中选择一个项目类：机器人：科学与系统，微机项目实验室，机器人学概论，仿生机器人

- 大四，秋季：高级研讨会（3 学分），春季：高级自主机器人系统（相关实习或 UROP，或行业经验可以用申请书代替）

- 基础科目：力学，控制部件

数字城市（Digital Cities，DC）强调城市规划和政策的基本技能，包括工程伦理；统计、数据科学、地理空间分析和可视化；以及计算思维、模拟和用户体验。该主题准备构建服务于公共利益的技术，以及设计和实施专门针对城市

环境的公共利益技术,将通过计算机科学和城市规划这个新兴交叉学科来规划和建设未来城市。为了获得工学院的 NEET 数字城市证书,需要完成以下要求:

- 两个基础科目:城市设计与开发介绍(12 学分),编程简介 (12 学分)
- 三个基于项目的学科:城市与环境技术实施实验室(12 学分),大数据、可视化和社会(12 学分),Crowdsourced City: Civic Tech Prototyping(12 学分)
- 三个独立学习(每个秋季学期):参加三场城市科学演讲活动(讲座/演讲)并撰写报告(3 学分)
- 建议选修课(非必修):城市规划与社会科学实验室(12 学分),编程基础(12 学分),数据与社会(12 学分),应用城市分析(12 学分),城市应用数据科学(6 学分),公益城市科学——人工智能中的性别和种族平等(3 学分),空间数据库(6 学分),空间统计工作坊(6 学分)
- 数字城市和课程 11-6:课程 11-6 专业可以将 NEET 数字城市科目计入专业要求。该专业学生应与专业导师商议如何与专业合作
- 数字城市和所有其他专业:三个所需的数字城市课程科目将计入 HASS GIR,另一个数字城市课程要求,算作 REST,也是许多专业的要求或先决条件。因此,对于许多学生来说,在数字城市课程获得证书只需要一门额外的课程和三个 3 学分的研讨会

生态机器(Living Machines,LM)允许通过各种生物技术创新将工程原理和概念应用于生命和医学科学中的问题。作为选修生态机器课程的学生,有机会参与跨合成生物学、免疫工程、组织工程、微流体和计算生物学以及其他颠覆性研究领域的项目,以提高对人类疾病的理解和治疗。无论背景如何,该科目都旨在让其应对生物技术领域的前沿挑战——课程 6 是将技能应用于生物/医学问题;课程 2 是设计下一个尖端的生物技术平台,是整合机器人技术;或者想要在其中一个课组中获得深度更大的课程 20。

作为 LM 学生,可以按照自己的节奏选择一个(或多个)技术路线,以提供灵活性和模块化,并提供技术技能,使未来的职业生涯中具有很强的竞争力。最重要的是, LM 学生将成为由本科生、研究生、研究人员、教职员工和行业合作伙伴组成的多元化和跨学科集群的一员,在那里可以通过各种个人和职业发展机会建立长期的个人和专业关系。每个生物机器课程都有一组特定的要

求,以确保多样性并提供专业技能以从事竞争激烈的行业或进入高级学位课程。

可再生能源机器课组提供有关能源生产、转换、存储和传输技术的培训,这些技术几乎不产生 CO_2 或温室气体排放。要求:

- 入门设计课(推荐大二秋季):设计概论(6 学分)或土木与环境工程设计概论 I (6 学分)或课程 2 介绍性设计科目
- 中级项目班(推荐大二春季):电子、信号和测量(12 学分)
- Junior Capstone 项目(推荐大二,春季):工程可持续性:分析与设计(12 学分);或能源领域的 SuperUROP
- 高级顶点项目(推荐高级秋季):待定完整能源系统大型设计-建造-试验(12 学分);或能源领域的 SuperUROP
- 研讨会(在 3 年内参加 6 次研讨会中的 3 次是一项要求,可以做更多),每学期提供可再生能源机器研讨会(3 学分),互动研讨会的重点是确定和解决可再生能源面临的主要问题。每周都会与来自学术界和工业界的可再生能源和气候科学专家的演讲嘉宾进行对话

2. 基于问题的学习

20 世纪 60 年代末和 70 年代初,出现了大学数量扩张的时期。一些新的大学建立了新的教育模式。基于问题的学习(Problem Based Learning,简称 PBL)模式在麦克马斯特大学(成立于 1968 年)、马斯特里赫特大学(成立于 1972 年)和纽卡斯尔大学(成立于 1978 年),尤其在健康教育方面得到了实施;而问题和项目组织/模式在罗斯基勒大学(成立于 1972 年)和奥尔堡大学(成立于 1974 年)得到了实践,如在工程、科学、社会科学和人文科学等广泛的学科领域。

PBL 起源并不是来自一个组织,而是来自一个社会时期的教育实验。所建立的 PBL 实践背后的教学法已经发展成为一种健全的学习理论,在课程开发、学习和能力发展的各个方面都有充分的记录。自 PBL 大学成立以来,PBL 模式已在世界各地得到实施。特别是麦克马斯特和马斯特里赫特模式在健康和法律领域得到了利用,而奥尔堡模式的基于问题和基于项目的模式则最常用于工程和科学的变化。

这些大学一直是高等教育中以学生为中心的学习模式发展的代表,并发

挥了重要作用,因为可以记录替代教学和学习模式。在 PBL 课程中,学习成果涉及知识、技能和能力,项目通常被用作学习平台,让学生在分析和发现问题以及解决问题的过程中实现能力和学科之间的联系。在 PBL 课程中,诸如自主学习、项目管理、协作、沟通等技能被以综合方式教授,让学生在实践中反思。PBL 课程涉及对学术人员的教学培训,使其成为学生学习过程的促进者(监督者/顾问)。这是一个基本原则,即学生是学习过程的主人,教师的作用是通过提出若干思路、方法和工具供学生选择来引导学生。PBL 的类型如表 2-2 所示。

表 2-2　PBL 的类型

	用于知识管理的 PBL	通过活动的 PBL	项目牵引的 PBL	用于实际功能的 PBL	用于基于设计的学习的 PBL
问题类型	半结构化问题;教师提出	真实和开放式问题;学生提出	现实世界、开放式和结构不完整的项目;由学生或教师识别	实际、现实和多学科问题/案例;由学生或教师识别	现实设计;由学生提出或教师给话题
时长	课堂	课程的一个或两个学习模块	一个学期一个或多个项目	一学期	一学期
团队规模	未提及	4~5 名学生	3~5 名学生	小组	3~8 名学生
评价方式	家庭作业评估;个人测验;期中考试;期末考试;出勤	课程论文;演示实验室;报告	团队书面报告;团队口头陈述;小组内同行评估;个人口头陈述……	个人训练;个人报告;团队报告;演示同行评估……	团队报告和演示;同行评审;团队期末考试中个人贡献;考勤

(1) 基本原则

PBL 被应用于许多不同的文化背景、学科领域和教育系统中的不同层次。实施的范围从机构、项目到课程层面。也许是由于这种多样性,对于什么是基于问题的学习,什么不是基于问题的学习,一直存在着争论。联合国教科文组织基于问题的学习中心(UCPBL)意识到这些多元文化的差异,并在不同实践的基础上形成了对 PBL 的理解,以创建一个作为全球的 PBL 网络。这里制定的 PBL 学习原则是为了形成一个广泛的平台,包括麦克马斯特/马斯特里赫特模式和奥尔堡模式。这两种模式的共同平台是问题导向,以及学习从分析和定义问题开始的事实。这些问题可以是比较开放和不明确的,也可以是明确的。问题的设计取决于学习结果——如果学习结果是为了实现方法论的学习,那就需要开放的问题,如果学习结果是为了实现具体的方法,那就适合更狭窄的问题。然而,人们注意到了一些差异,特别是关于学习过程。在马斯特里赫特模式中,学生们通过分析案例,学习如何通过七步程序来组织学习过程,而在奥尔堡模式中,学生们在团队中合作开展项目,并必须学习可以从一个项目转移到其他项目的项目管理技能。马斯特里赫特学生的学习过程似乎从一开始就更加结构化,而在奥尔堡模式中,合作和知识构建似乎更加基础。最后,评估系统是不同的,包括形成性系统和评估方法。然而,为这两种不同模式制定的学习原则或多或少是相同的。

伴随着 PBL 的广泛使用,出现了各种实践和模式。对 PBL 概念的具体理解也变得更加多样化。Graaff 和 Kolmos 认为,使用的模式总会有变化。特别是在代表广泛文化的各种教育系统中利用 PBL 时,非常具体的模式也肯定是不同的。因此,用具体元素来定义教育概念可能是有问题的,但它们必须由具体实践之外的学习原则和教学法来定义。PBL 建立起一套源于具体模式并反映在学习理论中的学习原则,并将主要的学习原则总结为三种方法:认知学习、内容学习和协作学习。

认知学习方法意味着学习是围绕问题组织的,并将在项目中进行。它是发展动力的核心原则。一个问题是学习过程的起点,将学习置于情境之中,并将学习建立在学习者的经验之上。它也是基于项目的,这意味着它是一项独特的任务,涉及更复杂、情境化的问题分析和解决策略——此条件只适用于基于问题和基于项目的学习。

内容学习方法尤其涉及跨学科的学习,它可能跨越传统学科相关的界限和方法。从学习结果对整体目标具有示范性的意义上说,它是一种示范性的实践,并通过学习过程中涉及的分析方法,在分析问题和解决问题的方法中使用理论来支持理论与实践之间的关系。

协作学习方法是基于团队的学习。团队学习方面强调学习过程是一种社会行为,其中学习是通过对话和交流进行的。学生们不仅相互学习,而且还学会分享知识和组织合作学习的过程。社会方法还涵盖参与者导向学习的概念,这表明对学习过程,特别是对问题的提出有一个集体的所有权。

这三个原则可以被认为是必不可少的。因此,任何声称运行 PBL 的项目都应该意味着该实践反映了所有的学习原则——而不仅仅是其中的一两个。根据这个方法,那些因为个人的项目而声称运行 PBL 的项目不是 PBL——必须有团队方面,而且必须有一定的自由让学生选择他们想做的问题。

（2）课程设计

Kolmos 和 Graaff 定义了一套开发 PBL 课程的要素:目标、问题、类型、进度、学生、学术人员、空间和组织,最后是评估。一般来说,对课程要素的解释和实施有两个极端:一边是学科和教师控制的方法,另一边是创新和学习者中心的方法。在这两种方法之间有混合模式,大多数的 PBL 实践被定义为某种混合模式。如表 2-3 所示,在每个课程要素中都有若干维度。

表 2-3　PBL 课程元素的维度

课程元素	纪律和教师控制的方法	创新和以学习者为中心的方法
目标和知识	传统的学科目标 学科知识	PBL 和方法论目标 跨学科知识
问题和项目的类型	狭窄的 明确的问题 纪律项目 研究项目 讲座决定项目	开放式 未定义的问题 问题项目 创新项目 讲座支持项目
进展、规模和持续时间	没有明显的进展 课程中的次要部分	可见的、明确的进展 课程/教学大纲的主要部分
学生的学习	获取知识	知识的建构
学术人员和促进工作	没有培训 教师控制的监督	培训的课程 促进者/过程指导
空间和组织	从传统的课程和讲座为基础的课程管理	管理部门支持 PBL 课程
学习支持	传统的图书馆结构 讲座室	支持 PBL 的图书馆 促进团队合作的物理空间
评估和评价	个人评估 总结性课程评估	小组评估 形成性评价

这个模式是用来设计课程的，在这里可以对每个维度进行分级，而且根据预期的学习结果来设计具体的课程。在表 2-3 中，展现的是课程元素的两极，但可能有许多混合模式。例如，关于评估系统，有许多实践评估的方式来支持学习目标，如同行评估、形成性评估等。因此，制定这些点的目的是为了在 PBL 的实施过程中建立意识——无论这是在系统层面还是在单一课程层面。

奥尔堡 PBL 模式是 PBL 在系统层面上最完整的实施之一。其课程比例是 50/50，各学科基本上都是在课程中教授的。根据学习成果的预期不同，课程和项目每个学期有所不同。在某些学期，学生在项目中应用课程中的元素提高能力水平，在其他学期，项目独立于课程中的学科，并有自己的学习成果，学生使用他们在课程中的学到的知识，对这个项目来说已经足够了。

（3）教育生态

UCPBL 重视对 PBL 的研究，并每两年举办一次研究专题讨论会，讨论跨越不同 PBL 实践(马斯特里赫特和奥尔堡)的哲学和学习原则。PBL 课程模式已经得到很好的认同，研究表明，行业和公司对 PBL 大学的排名很高，毕业生从第一天起就能在工作场所工作。有文件表明，从 PBL 课程毕业的学生具备更高水平的技能和能力，与其他传统大学相比，PBL 学生获得了更高的成绩和更高的薪水。

3. 基于开环生态

斯坦福大学发布了《斯坦福 2025 计划》1.0 及 2.0[①]，探讨了未来开展工程教育时间与空间贯通的可能创新空间。

2013 年秋季，《斯坦福 2025 计划》由斯坦福大学哈索·普拉特纳设计学院(Hasso Plattner Institute of Design, d. school)牵头正式启动。《斯坦福 2025 计划》内容丰富，极具创新性，目的在于为学生学习"提供非凡的体验(将网络虚拟学习与线下实体学习相结合)"，使其能一起学习与成长，满足未来学生需求。其核心内容是开环大学(Open-loop University)、自定节奏的教育(Paced Education)、轴翻转(Axis Flip)、有使命的学习(Purpose Learning)四个方面的设计，进一步贯通工程教育时间、空间。

2020 年，斯坦福大学发布《斯坦福 2025 计划》2.0，旨在全球范围内各高

---

① 本部分根据 Stanford 2025 1.0 与 2.0 版及王佳, 翁默斯, 吕旭峰.《斯坦福 2025 计划》：创业教育新图景[J]. 世界教育信息, 2016, 29(10)：23-26、32 等材料整理。

等教育机构在不断变化的环境中探索新的教育方式。2.0 版指出,教育是一个极富挑战性的创新空间,衡量哪些变量对学生成绩的提高贡献最大是复杂且困难的。最重要的是,人们对教育"应该"如何,存在着意识形态上的(或者至少是根深蒂固的)不同信念。指南中介绍了领导者们对如何以不同的方式看待高等教育对未来做出的重要贡献,其坚持不懈,对行动的偏爱,以及纯粹的勇气令人备受鼓舞。

最初的《斯坦福 2025 计划》项目回应了一个特定的颠覆时刻,即 MOOC 和在线学习的日益普及,以及高等教育成本的上升。许多力量开始动摇传统模式。这些迅速展开的变化让人们想知道,在这样一个世界里,基于场地的教育是否仍然会发挥作用,是否会产生其他的转变。正是在这样的时刻,即使在根深蒂固的系统中,变化也经常发生。《斯坦福 2025 计划》坚持了最初提出的四项原则。

开环大学(Open-loop University)

开环大学是《斯坦福 2025 计划》中最关键的组成部分。该计划旨在解除入学年龄的限制,17 岁前的天才少年、进入职场的中年以及退休后的老人都可以入学学习。这是区别于传统闭环大学(18~22 岁入学,并在四年内完成本科学业)的最主要一点。闭环大学与开环大学之间的差异如表 2-4 所示。

表 2-4　闭环大学与开环大学的差异

闭环大学	开环大学
学生在成年之初就要接受四年的大学教育	一生中充满着学习的机会
18~22 岁的四年	一生中任意六年
正式的学习仅仅发生在课堂上	可以从课堂以及实践活动中汲取知识
毕业后基本上很难接触到学术环境	经验丰富的成年人回到学校改变职业以及再次与社团对接
学生在 18 岁前需要证明自己的能力	学生在任何年龄段都可以学习
校友偶尔回到学校参加特定活动	校友作为返校实践专家,丰富了校园生活

该项目另外一个鲜明特色是对学习时间进行了延长,由以往的连续四年延长到一生中任意加起来的六年,时间可以自由安排。例如,可以先学习中间

去工作,工作稳定后再返回学校完成剩下的学制(称为"间隔年",gap year)。未来的开环大学中的同学很有可能是出于各个年龄段以及从事不同工作的一群人,他们当中可能有天真的孩子、富有经验的长者。因此,开环大学打破年龄的结构形成独特的混合学生校园,学生之间更容易建立起强劲与持久的社会合作网络。

同时,这种开环也意味着斯坦福的入学申请将更富有竞争压力。有限的名额将在背景各异、年龄不同的申请者中产生。不同年龄层次、不同阅历与不同观念的学生或将为同学,如何开展适合所有人的校园活动也变得具有挑战性。

自定节奏的教育(Paced Education)

自定节奏的教育旨在促进学生找到自身兴趣、进行学术探索,进而体验学科的严谨性。学生根据他们的个人意愿与喜好按照自己的节奏来完成各阶段的学习。在传统大学中,本科生按照一到四年级划分,而"2025 计划"中决定打破陈旧的四年级划分,代之以校准(calibrate)、提升(elevate)和启动或激活(activate)三个阶段,每个阶段都根据学生的喜好以及所选领域的区别,长短不一(见表 2-5)。简单来说,在调整阶段,通过广泛尝试各种精致的微课程,发现自己的兴趣。接下来在提升阶段,专注一个领域、一个问题进行深度挖掘。到了启动阶段,可以将深入所学结合实际,走向实践。学生通过这些阶段多次循环学习过程,使兴趣、专业和职业高度拟合。这一过程中,先进的学习方法会为学生和老师提供一种新型认知反馈。

表 2-5　传统学习节奏与自定节奏的学习的比较

传统学习节奏	自定节奏的学习
结构化的固定四年制学习	可自主调节长短,个性化、适应性的以及可调控的三阶段学习
四年制:新生、大二、大三、毕业生	六年三阶段:校准、提升、启动
标准化的十周学习(学期制)	专为调整提供的微课程

尽管学生可以自己安排学习节奏,但一般而言,不论是寻求兴趣,还是深入学习,再到实践,这三个阶段都需要有一定的学习时间来保障。

第一阶段:校准(6~18个月)

此阶段学生需要知道怎样才能最好地学习,以及找到自己的兴趣。学校在学生调整期提供短期(一天到一周)的、由教员精心设计的微课程。通过课程的学习,学生可以身临其境地了解不同领域以及教师的不同特长、探讨不同的学习模型以及职业规划轨迹。学生进而根据自身喜好、自制力以及学习习惯等来选择学习的时长(6~18个月不等),从而找到自身关注点,以及学习的差距,建立有意识的学习自信。

第二阶段:提升(12~24个月)

该阶段学生将被带领进入一个专一的领域。对于知识的严谨性是此阶段的关键所在。学生开始组建个人顾问委员会,包括学术导师、个人导师以及高年级同学和信任的伙伴,该计划预计到2018年,斯坦福大学的个人顾问委员会将取代其他形式的学术咨询。

第三阶段:启动(12~18个月)

在获得深度的专业知识后,学生们将知识转化到几个实际应用活动中。允许学生将自身所学的知识应用到情景实习、项目服务、高水平研究和创业中。

轴翻转(Axis Flip)

轴翻转的含义是要将知识与能力的顺序,翻转为能力与知识,即所有的知识获得都要为技术能力的呈现服务。改变传统大学中按照知识划分不同学科、院系、专业的方法,将不同能力的人划分在一起重新建构院系。技能成为斯坦福大学教育的独立变量,即按照具体技能来构建教学中心(teaching hubs),如教学分析、定量推理、社会调查、道德推理、审美解读、创造性的信心和沟通有效性等。

学生的成绩体现也更加生动,不再是枯燥、单一的数字,而是立体的彩色等高线图,随着海拔的升高代表某项能力越强,而不同颜色交汇的地方则表示学生的跨学科学习能力。在传统教育中,通过成绩单来评估个人的能力,未来取而代之的是"技能打印"。这种独特、鲜活的竞争力呈现将能够帮助雇主找到梦寐以求的潜能候选人。斯坦福的学生也将因多才多艺,具有快速的学习能力、适应能力而被相应的公司或组织招募(轴翻转前后对比见表2-6)。

表 2-6　轴翻转前后对比

轴翻转之前	轴翻转之后
知识第一,能力第二	能力第一,知识第二
本科教育围绕学术主题展开	技能成为本科学习的基础
按照知识的不同来划分院系	按照学生不同能力划分院系,由院长牵头
通过成绩与简历来反映能力	"技能打印"展现更广泛的能力或潜力

轴翻转的设计最根本的目的是帮助学生挖掘自身技能,使其在快速变化的经济格局中建构起应对任何职业生涯的能力。同时,不同教学中心的成立,使教师成为教学中心,也极大地促进了教师之间的协作,加速开创性研究。

有使命的学习（Purpose Learning）

当经济的飞速发展拉近了世界的距离,地球村的概念标志着世界各地的联系更加紧密,社会急需具有全球领导力的人才。斯坦福大学一直作为培养"创业领袖的旗舰",思考如何对未来的学生进行塑造,不断输送适应未来发展的人才。在过去,学生一度被认为以自我专业为中心,缺乏使命感与世界胸怀。"2025 计划"中要求学生基于一定的使命而进行学习,要求学生不仅要掌握精深的专业知识,并且要使学习具有意义。斯坦福的学生将以完成使命著称,而不仅仅是选择自己的专业。例如,在介绍专业时,学生会基于使命与目的自豪地说"我学习的是人类生物学,将努力消除世界饥饿",而不是"我主修生物学"或"我的专业是计算机科学或政治科学重建";学生不再回答我是"经济专业的",而是具有积极的社会担当,"希望通过经济来缩小社会不平"（见表 2-7）。在带有使命的学习中,斯坦福的学生将被培养为具有关怀世界、能够领导世界的经济、政治、社会和技术以及面对一些大型的、人类可能面临的风险的人才。这样做的目的是帮助迷茫的学生选择有意义的专业,然后以此支撑起清晰的、能使其为之奋斗 10～15 年的职业生涯。这虽然不能成为学生职业的全部轨迹,但却是选择职业背后的动因。

表 2-7　传统的专业为中心与带着使命为目的的学习比较

传统的专业为中心的学习	带有使命的学习
学生选择专业后,只围绕具体标准进行学习	学生有长远愿景和使命,将自己兴趣融入问题解决过程
学生较为盲目地、没有清晰目标地选择专业	学生通过学习和做项目来实现意义和影响
许多校友工作领域与所学专业无关	校友通过使命来指导自己的职业发展
学生在人生后期才开始从事社会工作	全球影响力实验室拓展了教师研究的平台

综上所述,"斯坦福 2025 计划"强调的四项原则,"开环大学"提议从四年制大学模式过渡到终身学习,使学生可以根据自己的节奏和时间在自己的大学经验中"循环"进出大学。"自定节奏的教育"呼吁取消传统的上课年限,转而采用个性化方式,学生可以按照自己的步伐安排学习进程。它还努力使空间和环境适应当前的学习方式。与大一、大二、大三和大四不同,学生将分三个阶段学习:校准、提升和激活。

"轴翻转"专注于在整个高等教育过程中培养可转移的技能和能力。它还创建了一些工具,用于更全面地描述学生的成就,包括课程和课外的成就。学生通过跨学科的"能力中心"学习,而不是围绕学科主题组织的本科教育。"有使命的学习"建议追求"任务"而不是专业,邀请学生思考他们学习领域背后的"为什么"。

《斯坦福 2025 计划》的 2.0 版本重在展示全球范围内高等教育对四项原则的创新探索,包括非洲领导大学、贝茨学院、昆山杜克大学、乔治敦大学、佐治亚理工学院、印度河州立大学、Maharishi 无敌研究所、密涅瓦大学、犹他大学、西部州长大学。

通过多案例比较分析与理论探索,2.0 版重点探索了高等教育的时间与空间的问题。报告认为,美国的"标准"大学生是在实体大学校园中攻读学士学位四年并毕业于 22 岁的人。对于某些人来说,情况仍然如此。但是,"何时"和"何地"的学习发生了巨大的变化,这意味着现在该对有关高等教育设计的一些核心假设提出质疑了。不同年龄阶段的学生差异更大,有时因为家庭原因而推迟进入大学,有时为了完成某项任务而推迟返校,或者在服役后进入大学。一些学生报名参加多个机构,或通过面对面和在线的方式进行互动。与此同时,学生在四年内获得学位的传统继续受到挑战:数据显示,学生平均需要五年多的时间才能完成学位。[①] 新的混合型或完全在线的学习模式可以让学生按照自己的节奏学习。如今 60% 的本科生是"后传统学习者",包括年龄在 25 岁以上的人、全职工作的人、有家庭责任的人,或者与军队有关的人。从 2005 年到 2015 年,非全日制学习者的数量增加了 15%。超过 3000 万的美国人拥有大学学分,但从未毕业。这一数字"是现在有 2000 多万美国人上大学人数的一半",如今有近 600 万人注册了在线课程。在 2.0 报告中,一些院校正在重新改造面对面学习方式,比如在佐治亚理工学院开展基于生活和学习项目的密集学习活动,密涅瓦大学等其他院校正在试验混合模式,依托在线学习平台并将整个城市作为大学课堂。

第二节　我国工程教育模式探索

1. 清华大学[②]

清华大学的工科发展始终与国家共命运,长期建设形成了深厚的学术积淀和独特的发展模式,培养和造就了一大批高素质、高层次、多样化、创造性人才,产出了一批高水平研究成果,为国家建设与改革发展做出了突出贡献。2019 年发布的《清华大学关于持续深化改革　提升工科发展水平的实施意见》,提出"双 T"工科发展理念。

清华大学坚持贯彻党的教育方针,走中国特色世界一流大学发展道路,以培养引领工程科技发展的拔尖创新型人才为工科发展的根本任务,以服务国家创新驱动发展战略和经济社会发展为导向,以创新学术思想和引领技术发展(Creative Thoughts and Leading Technology,简称"双 T")为核心,努力实现前瞻性基础研究、引领性原创成果的重大突破,加快建成世界一流大学。

《意见》提出在清华大学工科发展的阶段目标为:2020 年,工科整体达到世界一流水平,若干学科进入世界前列;完善工科持续发展的体制机制,基本

---

① The Condition of Education. National Center for Education Statistics. 美国国家教育统计中心。
② 该案例除特殊标注外,相关表述引自清华大学 2019 年 1 号发文《清华大学关于持续深化改革　提升工科发展水平的实施意见》及相应官网材料。

形成适应经济社会与工程科技发展需要的学科专业新格局;产出一流学术成果,示范引领新时代的工程教育。2030 年,工科整体进入世界一流前列,部分学科达到世界顶尖水平;服务国家战略需求的能力进一步提升,在若干重要工程科技领域引领全球发展;成为世界工程科学与技术的创新发源地之一,成为具备全球胜任力的工程科技人才培养和成长的摇篮。2050 年,工科整体达到世界顶尖水平,实现全球引领,形成具有中国特色的工科发展模式;为建成世界顶尖大学,解决全球重大发展问题,为实现中华民族伟大复兴的中国梦,做出清华工科的贡献。

如表 2-8 所示,对比《统筹推进世界一流大学和一流学科建设总体方案》《清华大学"双一流"建设方案》《清华大学工科发展计划》三个文本的发展目标,可以看出,清华大学对工科设定了最高目标,2020 年第一轮建设周期结束时,要在整体上达到世界一流水平,若干学科进入世界一流学科前列。可以说,工科不仅是清华大学实现 2020 年"双一流"建设目标的主力军,也是代表国家率先进入世界一流前列的先锋队①。

表 2-8　学科发展整体目标比较

时间	2020 年	2030 年	2050 年
统筹推进世界一流大学和一流学科建设总体方案	一批学科进入世界一流行列,若干学科进入世界一流学科前列	更多学科进入世界一流行列,一批学科进入世界一流学科前列	一流学科的数量和实力进入世界前列
清华大学"双一流"建设方案	一批学科达到世界一流水平,若干学科进入世界一流前列	更多优势学科进入世界一流学科前列,部分学科达到世界顶尖水平	成为世界顶尖大学
清华大学工科发展计划	整体达到世界一流水平,若干学科进入世界前列	整体进入世界一流前列,部分学科达到世界顶尖水平	整体达到世界顶尖水平

资料来源:清华大学系列发展规划(2019),清华大学教育研究院整理。

落实"工科+"(Engineering +)的整体发展思路,以提升工科发展水平为主

---

① 尤政.建设世界一流工科 引领工程教育发展[J].清华大学教育研究,2019,40(3):1-7、20.

要目标,以工程基础研究、学科交叉和工程教育为着眼点,以创新融合为手段,努力推动工程科技人才培养和重大技术突破,强化工科服务国家经济建设的能力。主要包括:

①强化工程基础研究。集中支持关系全局发展的工程基础研究和前瞻性、颠覆性关键技术研究;积极开展面向全球性挑战的工程基础研究,承担重大前沿问题、科学交叉前沿等国家重大、重点任务,力争取得重大突破。②促进学科交叉。完善学科交叉的体制机制,推进工科不同学科、工科与其他学科、工科与产业界之间的融合发展,形成促进学科发展的合力,瞄准未来发展的新方向,产出若干推动人类社会进步的新思想和重大成果,迈向科技创新的新高度。③提升工程教育。继承和发扬清华大学工程教育的优秀传统,落实"三位一体"教育理念(价值塑造、能力培养和知识传授),创新适应新时代要求的工程科技人才培养模式。坚持立德树人,在传授知识的同时,强化实践创新能力培养和训练,加强工程教育中的价值塑造,突出工程伦理教育。

其中,重点任务包括提升人才培养能力,建设一流师资队伍,促进多层次学科交叉,推动产学研合作,加强工科学术文化建设,提升工科国际影响力等六个方面。

2. 浙江大学①

面对高等工程教育新环境,浙江大学经过多年的改革、探索与实践,试图通过优化学科生态布局、学科交叉催生复合专业、多元贯通主动升级传统学科、建构创新创业教育体系等途径,为工程教育的综合改革提供进一步的实践探索。

第一,加强顶层设计,优化学科布局。浙江大学立足办学定位,结合学科生态,优化专业布局,对接一流专业建设"双万计划",形成一流本科专业集群。①优化专业结构,布局一流本科专业。控制专业总量,原则上 1 个一级学科对应设置 1 个本科专业,全校本科专业数不超过一级学科数的 1.5 倍。整合现有专业,通过设置专业方向推动学科内专业整合发展,促进同专业学生多元化发展。除国家战略需求等特殊专业外,原则上需设置最低生源规模要求。布

---

① 该案例根据以下材料整理:邹晓东,陆国栋,邱利民. 工程教育改革实践探索——浙江大学工高班改革路径分析[J]. 高等工程教育研究,2014(5):15-22;邹晓东,翁默斯,姚威. 基于大 E 理念与整体观的综合工程教育理念建构[J]. 高等工程教育研究,2015(6):11-16;邹晓东,李拓宇,张炜. 新工业革命驱动下的浙江大学工程教育改革实践[J]. 高等工程教育研究,2019(1):8-14,33.

局新兴专业,按照"服务国家需要、契合办学定位、适应学科发展"的原则,布局创建战略新兴专业、交叉复合专业。适度动态调整,加大国内国际专业评估、认证或排名等工作力度,根据专业办学成效,探索专业预警和退出机制。②突出质量核心,完善"通专跨"培养模式。充分认识课程是人才培养的基本载体,对接一流课程建设"双万计划",着力打造一批一流课程,实现高质量"通专跨"培养要求。建立课程教学标准,围绕教学各环节的质量要求,进一步建立完善课程内容标准、课程运行标准、学习过程管理标准和课程考核标准。

第二,促进学科交叉,催生复合新兴学科。促进学科融合,以新经济、新业态驱动工科+工科、+医科、+信息学科、+农业学科、+人文社会学科交融方式的学科融合教育改革路径的推进,如计算机学院联合数学学院推进人工智能与大数据方向人才培养、控制学院联合竺可桢学院和机械学院联合推进智能机器人方向人才培养、信息学部联合医学院和生科院推进"医工信"交叉人才培养、信息学部联合农学院和生工食品学院推进"农工信"交叉人才培养等,为培养在相关交叉领域具有国际视野的工程人才做出积极探索。①学科融合,催生复合型新兴专业。作为国内学科门类最为齐全的高校之一,浙江大学推动现有工科交叉复合、工科与其他学科交叉融合,孕育形成新兴交叉学科专业。浙江大学一直致力于推进人工智能多学科交叉融合,2018年学校人工智能协同创新中心获教育部批复建设,并利用人工智能大数据科技创新联盟、大数据科学研究中心、语言与认知研究中心、赛博协同创新中心等平台的创新资源,充分汇聚计算机、统计、数学、医学、人文社会等领域的人工智能研究力量,全面推动人工智能相关学科的研究范式转型和实力的提升,逐渐形成了人工智能多学科交叉会聚、共生共享的工程人才培养学科群布局。②课程革新,发挥学科交叉融合优势。催生复合型新兴专业,发挥学科交叉融合优势,就必须要革新课程体系建设。③校企协同,探索学科发展新模式。浙江大学注重发挥人工智能领域优质创新资源的溢出效应,全力支持之江实验室打造人工智能发展高地,在未来的互联网计算、人工智能等方向,建设世界一流基础设施,汇聚全球顶尖研发平台,同时形成广泛影响,与阿里巴巴、百度、腾讯、科大讯飞、海康威视、网易等领军企业联手,依托之江实验室等创新平台,不断在智能制造、智慧城市、智能农业、智慧医疗、智能金融、智能司法、智慧教育等领域开展人工智能技术转移和成果转化,实现人工智能科技创新体系、产业创新体系和社会创新需求的有效贯通。

第三，倡导多元共通，建立一流工程师培养体系。浙江大学工程师学院按照"高层次、高素质、国际化"的人才培养理念，以"政府主导、校企协作、复合交叉、国际合作"为办学宗旨，探索应用型、复合型、创新型的工程技术人才培养体系，成为培养造就一批具备先进工程技术研究、开发、管理、转化能力，掌握一定经营管理知识的综合类工程师和专业型工程师的综合性、应用型一流工程师大学。①以"产业链"为导向，探索多工程领域贯通培养模式。工程师学院突破传统专业限制，按全产业链上的工程领域分类，实施项目制培养计划。②以"通专跨"为特色，构建本硕实验实践贯通教学体系。为构建多元化的人才培养模式，探索多渠道的学生发展路径，培养面向产业链的复合型人才，工程师学院通过产业实践，衔接本科和专硕教育，即给予优秀的三年级学生保研资格，使其在四年级进入企业实习一年，并完成本科毕业设计，加强理论知识的综合应用，之后再回到学院，结合源自实践的研究课题完成为期两年的专硕教育，从而实现专业到产业的无缝对接。

3. 哈尔滨工业大学①

2019 年 5 月，哈尔滨工业大学发布《一流本科教育提升行动计划 2025》。通过实施该行动计划，到 2020 年，学校人才培养核心地位牢固确立，人才培养目标深入人心，"厚基础、强实践、严过程、求创新"的人才培养特色更加鲜明，全员、全过程、全方位育人氛围日益浓厚，本科教育教学质量明显提升，初步形成哈工大特色的一流本科教育体系，进入世界一流高等工程教育行列。到 2025 年，学校本科教育水平跻身世界顶尖大学行列，进入世界一流高等工程教育前列，彰显"哈工大规格"的品牌特色和引领示范效应。立心铸魂、守正出新，学生的家国情怀更加深厚、科学精神更加彰显，全球竞争力和服务国家战略的能力更加突出。

哈尔滨工业大学重点围绕以下方面进行工程教育开拓与创新。

（1）对标一流，优化人才培养方案。充分发挥人才培养方案顶层设计作用，面向国家创新驱动的发展战略，面向未来时代发展和社会进步，对标世界一流大学培养体系，结合大类招生培养，厚植基础、拓宽口径，完善"通识教育、专业教育、实践创新、个性发展"有机融合的课程体系，推动课程和知识的重构

---

① 该案例相关表述引自《哈尔滨工业大学一流本科教育提升行动计划 2025》，哈尔滨工业大学教务处提供。

优化、人才的个性化培养和分类培养。强化"核心价值塑造、综合能力养成、多维知识探究"三位一体的人才培养模式,强化"厚基础、强实践、严过程、求创新"的人才培养特色,根据培养要求反向设计构建"通专跨"融合的培养体系,将创新能力培养、综合素质提升、科学思维养成贯穿教育教学全过程。完善通识教育课程体系,制定学校通识教育目标、方案和评价标准,提升学生的精神品质、理想追求、价值取向和文化品位。完善创新创业体系、质量保障与提升体系,将"以学生为中心,学生学习与发展成效驱动"的教育理念落到实处。

（2）融会贯通,深化本研一体改革。夯实基础,拓宽口径,进一步深入实施本研贯通培养模式,形成培养方案、课程体系、组织管理、教学运行、信息化支撑平台、创新实践平台、导师培养一体化的有机体系。贯通学科专业,完善本、硕、博一体化的培养方案,建立本研贯通的课程体系,打破课程界限,合理安排课程层次和知识内容;推动建立完善的本研贯通信息化支撑平台,建立规范、一致、共享的课程数据库,横向跨学科专业、纵向跨层次自主选课,成绩统一管理、学分互认、学业信息共享;依托创新实验大厦建设,最大限度地整合教学资源,打造本研一体化协同育人创新实践平台,提升实验条件和设备的能效;探索实施本科生学业导师制度,保证本研贯通人才培养质量不断提升。

（3）厚植基础,实施大类招生培养。切实落实"学校为主导、院系为主体、招生办统筹协调"的工作体制,建立"院系领导负责、招生组长牵头、骨干教师担纲、优秀学生参与、热情校友辅助"的招生工作模式。结合大数据、信息化、新媒体等手段,形成立体化、常态化、全方位、"横纵结合"的招生宣传工作体系。持续开展中学校长论坛、中学骨干教师研修班、紫丁香衔接课程、专家科普讲座、中学生科创培训等活动,提前吸引更多优质生源。推进大类培养机制改革建设,按照工、理、管、文四大学科门类推进大类培养基础平台课程建设工程,设立跨院系联合课程组,完善"一二年级通识平台课程+三年级专业基础课程+四年级专业模块课程"的培养模式,夯实基础,加强通识,固本培元。

第三章 《中国工程教育 2035》使命与理念

　　面向 2035,我国将进入从工程教育大国走向工程教育强国的重要发展阶段。《中国工程教育 2035》倡议,以立德树人为根本任务,以综合改革为根本动力,以"创新、协调、绿色、共享、开放"为基本理念,建设中国特色、世界一流的工程教育体系,全面提高工程教育质量,为中国现代化强国建设提供智力支撑,为世界可持续发展贡献力量。

第一节　发展现状与问题

　　中华人民共和国成立以来,特别是改革开放四十余年以来,中国工程教育为提升我国工业竞争力发挥了巨大作用,取得了历史性成就。进入 21 世纪后的前 20 年,中国工程教育的规模进一步扩大,成为世界工程教育规模最大的国家;工程教育的结构进一步优化,形成了层次分明、类型多样、专业齐全的工程教育体系;工程教育的质量进一步提升,国际互认工作取得重大进展。有力地支撑了工业现代化建设,也为建设现代化强国奠定了极为重要的人力资源基础。

　　截至 2019 年,我国有本科院校 1265 所,其中有工科专业 1194 所,占 94%;工科专业点有 20 221 个,占 34%;在校生中工科学生 588 万人,占 34%,工科毕业生 129.5 万人,占 30%。进入 21 世纪 20 年来,国家加大工程教育改革力度,通过实施卓越工程师培养计划、"双一流"建设计划,完善评估认证体系等重大举措,促进了人才培养质量提升。

但是,我们也必须清醒地看到,面对强国建设的重任,我国工程教育还面临若干突出问题:

第一,理念与道路方面的问题。理念是指针,道路是方向。中华人民共和国成立 70 多年来,我国工程教育经历了先学苏、再学美的历史阶段,逐步建立起完整的工程教育体系。面向未来,中国工程教育应该坚持什么样的理念,走什么样的道路,是关系到工程教育发展战略走向的根本问题。当前,全球范围内的新科技革命正在加快产业变革,亟待建立符合创新型国家建设和发展的工程教育新理念,亟待探索符合中国国情的工程教育发展道路。

第二,规模与质量方面的问题。规模有优势,质量有差距。数据表明,我国工程教育规模比俄罗斯、美国等国高出 3～5 倍,是名副其实的工程教育大国。但是,人才培养体系尚不能很好适应培养新一代工程师的需要。主要表现在:工程专业学位与学术学位定位混淆,培养模式单一,产、学脱节等问题较为突出;工科教师工程背景和经历缺乏,工科学生知识结构断裂、创新思维和创新实践能力不足问题日益显现;工科人才培养体系的内涵建设亟待深化,科教融合、产教融合的多方协同育人机制亟待加强。

第三,认证与流动方面的问题。互认有突破,流动仍受限。当前,我国高等工程教育初步建立了国家、行业、院校工程教育标准体系,2016 年 6 月,中国加入工程教育本科层次学历国际互认的《华盛顿协议》,迈出国际互认的关键步伐。根据中国工程教育认证协会的数据,截至 2018 年年底,全国高校的1400 余个工科专业通过了专业认证。但是,工程教育认证专业覆盖面窄、工程教育认证与工程师资格认证衔接难、工程技术人才全球胜任力差距大、中国工程师的跨国流动壁垒重重等问题需要解决,"一带一路"建设的支撑能力有待提升。

2020—2035 年,是我国建设高等教育强国和高等工程教育强国的关键时期。在此期间,我国将经历三个五年规划。课题组认为,中国高等工程教育发展正进入新的历史时期,其主要特点是两个"空前":

第一,总体规模空前巨大。预计我国高等教育在学总规模将很快突破4000 万人,高等教育毛入学率将很快突破 50%,由大众化阶段进入普及化阶段。高等工程教育规模长期占高等教育在学总规模的1/3,如此大规模的工程教育体系的发展,是世界高等工程教育发展历史上从未经历的。

第二,质量挑战空前严峻。世界科技革命和产业变革潮流涌动,我国先进制造业、战略性新兴产业乃至现代服务业、现代农业等产业的发展,都对工程技术人才创新能力提出迫切需求。前述制约工程教育质量提升的瓶颈性问题能否解决,将直接关系到一系列强国建设目标的实现。因此,未来 15 年高等工程教育的发展,必须有新的发展理念的有效指引,必须走出一条具有中国特色的发展道路。

第二节　指导思想与使命

《中国工程教育 2035》全面贯彻党的教育方针,坚持马克思主义指导地位,坚持中国特色社会主义教育发展道路,坚持社会主义办学方向,培养德、智、体、美、劳全面发展的社会主义建设者和接班人。

1. 聚焦社会主义现代化建设目标

党的十九大报告指出,从十九大到二十大,是"两个一百年"奋斗目标的历史交汇期。我们既要全面建成小康社会、实现第一个百年奋斗目标,又要乘势而上开启全面建设社会主义现代化国家新征程,向第二个百年奋斗目标进军。

综合分析国际国内形势和我国发展条件,从 2020 年到 21 世纪中叶可以分两个阶段来安排。第一阶段,从 2020 年到 2035 年,在全面建成小康社会的基础上,再奋斗 15 年,基本实现社会主义现代化。到那时,我国经济实力、科技实力将大幅跃升,跻身创新型国家前列;人民平等参与、平等发展权利得到充分保障,法治国家、法治政府、法治社会基本建成,各方面制度更加完善,国家治理体系和治理能力现代化基本实现;社会文明程度达到新的高度,国家文化软实力显著增强,中华文化影响更加广泛深入;人民生活更为宽裕,中等收入群体比例明显提高,城乡区域发展差距和居民生活水平差距显著缩小,基本公共服务均等化基本实现,全体人民共同富裕迈出坚实步伐;现代社会治理格局基本形成,社会充满活力又和谐有序;生态环境根本好转,美丽中国目标基本实现。

可以说,到 2035 年,我国经济社会发展总体上实现创新发展、协调发展、绿色发展、共享发展、开放发展。具体而言:

(1) 创新发展:我国经济实力、科技实力大幅跃升,跻身创新型国家前列。

(2) 协调发展:中等收入群体比例明显提高,城乡区域发展差距和居民生活水平差距显著缩小。

(3) 绿色发展:生态环境根本好转,美丽中国目标基本实现。

(4) 共享发展:基本公共服务均等化基本实现,全体人民共同富裕迈出坚实步伐。

(5) 开放发展:社会文明程度达到新的高度,国家文化软实力显著增强,中华文化影响更加广泛深入。

面向 2035 年的中国工程教育,必须全力支撑 2035 年社会主义现代化建设目标,特别是要大力推进创新型工程人才培养,以及促进与人才培养紧密相关的科学研究、科技引领等功能发挥,从而深入参与创新驱动发展战略,建设创新型国家。此外,2035 年现代化建设目标也对工程人才的能力素质有进一步需求,要注重工程人才环境伦理、文化软实力等方面的培养。

2. 支撑强国战略整体推进

强国目标是社会主义现代化建设总体目标对若干关键领域的战略诉求。党的十七大提出要建设人才强国和人力资源强国;党的十八大提出建设人才强国、人力资源强国、文化强国和海洋强国;党的十九大提出到 2050 年建成社会主义现代化强国,并进一步强调人才强国、制造强国、科技强国、质量强国、航天强国、网络强国、交通强国、海洋强国、贸易强国、文化强国、体育强国、教育强国及强军的目标。

2035 年中国工程教育的重要使命亦包括推进 13 个强国战略的实施。从领域角度,需准确研判制造、航天、网络、交通、海洋、贸易等领域的热点前沿问题,培养不同层次的专业工程人才,引领专业领域发展;从功能角度,需做好人才、科技、质量、文化等方面的全面支撑。

中国工程教育 2035 同样需要直接服务于教育强国目标的实现。为了推进教育强国目标的实现,2019 年中共中央、国务院印发了《中国教育现代化 2035》,中共中央办公厅、国务院办公厅印发了《加快推进教育现代化实施方案(2018—2022 年)》。《中国教育现代化 2035》提出,到 2020 年,全面实现"十三五"发展目标,教育总体实力和国际影响力显著增强,劳动年龄人口平均受教育年限明显增加,教育现代化取得重要进展,为全面建成小康社会做出重要贡献。在此基础上,再经过 15 年的努力,到 2035 年,总体实现教育现代化,迈入教育强国行列,推动我国成为学习大国、人力资源强国和人才强国,为到 21 世纪中叶建成富强、民主、文明、和谐、美丽的社会主义现代化强国奠定坚实的基础。2035 年主要发展目标是:建成服务全民终身学习的现代教育体系、普及有质量的学前教育、实现优质均衡的义务教育、全面普及高中阶段教育、职业教育服务能力显著提升、高等教育竞争力明显提升、残疾儿童少年享有适合的教育、形成全社会共同参与的教育治理新格局。

3. 瞄准工程科技发展前沿需求

当前,美国、英国、日本等国家纷纷发布面向未来的工程科技前沿预测报告,具体如表 3-1 所示。

表 3-1　国外工程科技前沿预测

国家	科技报告	工程科技前沿预测
美国	《2016—2045 新兴科技趋势报告》	机器人与自动化系统,增材制造,数据分析,人类增强,医学,智能手机与云端计算,网络安全,物联网,能源,智能城市,食物与淡水,量子计算,社交网络,先进数码设备,混合现实,先进材料,对抗全球气候变化,新型武器,太空科技,合成生物
英国	《技术与创新未来:英国 2030 年的增长机会》	材料和纳米技术,能源和低碳技术,生物和制药技术,数字和网络技术
日本	《日本第 10 次科技预见》	超智能产业、社会的可持续发展、活用物质和生命构造、增强的社会安全性

资料来源:清华大学课题组整理。

在我国,2016 年中共中央、国务院颁布了《国家创新驱动发展战略纲要》,明确提出建设世界科技强国的战略目标。随后国务院印发《"十三五"国家科技创新规划》,明确了科技创新的总体思路、发展目标、主要任务、重大举措,在电子信息、先进制造、能源、环境、农业、生物和健康以及太空海洋开发利用领域都进行了相应部署。

面向2030年,部署了一批体现国家战略意图的重大科技项目与工程(见表3-2),在原先提出的15项重大科技项目和重大工程的基础上增加了1项,目前为"15+1"。其中,涉及高新领域的分别为:航空发动机及燃气轮机、国家网络安全空间、深空探测及空间飞行器在轨服务与维护系统、煤炭清洁高效利用、智能电网、天地一体化信息网络、大数据、智能制造和机器人、重点新材料研发及应用,以及即将加入的"人工智能2.0"。

表3-2 我国科技创新2030重大科技项目和工程

重大科技项目	重大工程
航空发动机及燃气轮机,深海空间站,量子通信与量子计算机,脑科学与类脑研究,国家网络空间安全,深空探测及空间飞行器在轨服务与维护系统	种业自主创新,煤炭清洁高效利用,智能电网,天地一体化信息网络,大数据,智能制造和机器人,重点新材料研发及应用,京津冀环境综合治理,健康保障

资料来源:《中国工程科技2035发展战略》。

社会各界对未来社会的预判与政策导向形成了呼应。有研究认为,未来20~30年人类社会将演变成智能社会,即以万物感知、万物互联、万物智能为核心特征,其具体内涵见图3-1。

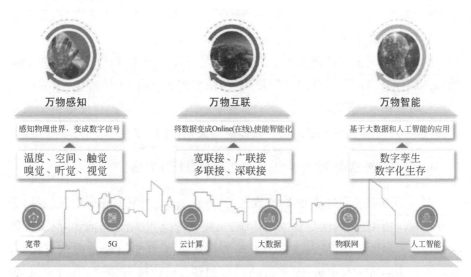

图3-1 智能社会的核心特征与基础设施

资料来源:中国科学院《"中国科技70年·道路与经验"战略与决策高层论坛报告》。

综上所述，可以发现各国在预见布局未来工程科技前沿方向，主要聚焦在两大集群。一是以泛在智能、移动互联、高速高效为特征，以信息、新材料和先进制造等技术为核心，以高效生产和便捷生活为导向的技术集群，正在开创智能化时代；二是以绿色低碳、精准集约、安全健康为特征，以生物、新能源和环保等技术为核心，以人类可持续发展和健康生活为主题的技术集群，将塑造绿色经济与生物经济新业态。两大技术集群的快速融合发展，将成为未来经济社会发展的核心驱动力（《中国工程科技 2035 发展战略》）。

可以说，2035 年的工程科技的主题词一个是"智能时代"，涉及信息，制造等；另一个是"可持续发展"，涉及新材料，新能源等。因此《中国工程教育 2035》需要瞄准前沿工程科技方向，进行针对性的学科布局、人才培养与科技引领。

第三节　基本理念与战略

面向 2035，中国工程教育发展应该秉承怎样的理念？党的十八届五中全会提出"创新、协调、绿色、开放、共享"五大发展理念，这一发展理念具有战略性、纲领性和全局性，是今后一个时期我国经济社会发展总体方向，也是工程教育的发展的指针。

因此，《中国工程教育 2035》以立德树人为根本任务，以综合改革为根本动力，以"创新、协调、绿色、共享、开放"为基本理念，建设中国特色、世界一流的工程教育体系，全面提高工程教育质量，为中国现代化强国建设提供智力支撑，为世界可持续发展贡献力量。具体逻辑关系如图 3-2 所示。

1. 坚持聚焦质量、激发活力，促进工程教育创新发展

创新是历史进步的动力、时代发展的关键。在五大发展理念中，创新居于首要位置。所谓创新，就是要立足传统，又突破传统，既结合当前实际，又推动未来变革。回顾历史，从农业社会走向工业社会，从工业社会走向信息社会，每一项重大的进步与突破，无不依赖科技创新。可以说，创新兴则国家兴，创新强则国家强。在新科技革命的今天，一个国家和民族，要想走在世界前列，保持持久的国家综合竞争力，必须依靠科技创新，培育创新环境，培养创新人

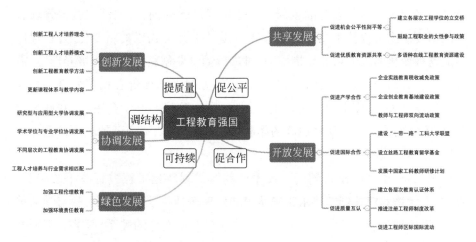

图 3-2　五大理念与中国工程教育发展蓝图

才。正因为如此,《中共中央关于制定国民经济和社会发展第十三个五年规划的建议》指出:"在国际发展竞争日趋激烈和我国发展动力转换的形势下,必须把发展基点放在创新上,形成促进创新的体制架构,塑造更多依靠创新驱动、更多发挥先发优势的引领型发展。"①

西奥多·冯·卡门(Theodore von Kármán)曾说过,科学家需要去研究这个世界到底是什么,工程师则需去创造一个全新的世界。可见工程师的天职是通过实践进行创新,工程教育的目标是培养各种类型的创新型人才。长期以来,我国工程教育面临的很多问题,都与培养观念因循守旧,体制创新不够,培养模式创新缺乏有直接的关系。

工程教育的创新性不足,是制约工程教育质量提升的主要瓶颈。当前,科学技术的发展突飞猛进,科技创新已经成为经济社会发展的主要驱动力。全球科技创新呈现出新的特征,新发现、新技术、新产品、新材料更新换代周期越来越短,而创新型人才的缺乏已经成为科技创新的瓶颈问题,在工程科技领域表现得更为突出。

工程教育创新发展的核心是提高质量,重点需要从以下四个方面入手:

第一,人才培养理念与制度创新。创新型人才要具有创新意识、创新精神、创新思维、创新知识、创新能力。对于工程教育而言,要培养创新型人才,

---

① http://news.xinhuanet.com/fortune/2015-11/03/c_1117027676.htm.

就必须坚持人才培养理念的创新。人才培养理念的创新,关键在教育管理者和教师要洞悉工程技术发展的新趋势,工程人才培养需求的新变化,合理提出适应这种变化的人才培养新措施,并付之行动。要创新工程人才培养理念,需要有制度方面的保障。关键是建立管理者、办学者和评价者相互分离又相互支持的新型关系,探索建立现代大学制度,释放院校的办学自主权,并通过改革,破除制约人才培养质量提高的体制机制障碍,例如不合理的教师遴选评价制度,教学管理制度等。

第二,人才培养模式创新。人才培养模式创新是工程教育改革的关键。首先,人才培养模式创新要求正确认识和处理教师与学生的关系,教与学的关系,知识传授与能力培养的关系,通识教育与专业教育的关系,等等。工程教育中要树立以学生发展为中心的根本理念,充分尊重教师的主导地位和学生的主体地位,将教师和学生的关系从单纯的教学者与学习者的关系,转变成学习共同体关系,促进教学相长。其次,人才培养模式创新需要大学为学习共同体的建设提供良好的支持环境,不仅包括学习实践的物质性资源的支持,还包括高水平、持续性的教师人力与时间投入。最后,人才培养模式创新需要质量保障体系的不断完善,建立起持续改进的质量保障文化。

第三,教育教学方法的创新。教育教学方法根据学习者学习方式的变化进行转变,这是以学生发展为中心的重要体现。当今的工程学习方式正在发生深刻变化。首先,现代工程问题本身变得越来越复杂。特别是中国加入《华盛顿协议》后,复杂性的工程问题经常需要提出跨学科、跨领域、跨文化的解决方案,这对未来工程师的专业技能与胜任素质培养提出了更高的要求。这无疑需要对工程教育教学方法进行创新。更为重要的是,信息技术越来越深地融入工程教育教学活动,在线学习、混合学习、虚拟学习等新的学习方式的兴起,也要求对传统的工科教学方式,包括课堂教学方法和实践教学方法进行创新。适应这种工程学习方式的变化,根据人才培养标准和课程目标,创新性地设计教学过程和评价方式,对于工科教师的教学能力都提出挑战。

第四,课程体系与教学内容的更新。工程课程体系与教学内容与学习效果直接相关,对于构建未来工程师良好的知识结构、能力结构与素质结构都具有重要支撑作用。成果导向(outcome-based)理念下的工程教育,要求根据人才培养标准和目标所设定的一系列学习成果来反向设计工科课程体系,教学内容要为学习成果的实现服务,评价标准用实际的学习成效检验。现代工程知识的生产和传播都发生了巨大变化,课程体系和教学内容如果不能及时反映这种变化,就难以适应人才培养的需要。

2. 坚持稳定规模、优化结构,促进工程教育协调发展

工程教育协调发展的核心是调整结构。重点从以下四方面入手:

第一,不同阶段的工程教育的协调发展。工程师职业具有生命周期,工程教育向前可以一直延伸到基础教育阶段的科学、技术、工程与数学(STEM)教育,向后一直延伸到继续工程教育。在终身学习理念下,工程教育的各个阶段都需要进行长远规划,特别是基础教育阶段的 STEM 教育,直接决定了高等教育阶段人才"种子"的质量;高等教育阶段的人才培养质量,又直接影响着是否能够为行业提供合格乃至卓越的未来工程师;而继续工程教育则决定着工程师技能训练、维持与更新。因此,保障各个阶段工程教育的协调发展,具有重要意义。此外,工程师的社会地位不高在我国是一个不容回避的现实。虽然我国目前优秀学生对工程兴趣降低甚至"逃离工科"的现象并不像欧美那样突出,但是,也有大量的证据表明,很多高中生更愿意学习商科、金融、法律等投资回报更高的专业。如何有效吸引优秀学生学习工科也是一项严峻的任务。

第二,工程人才培养与行业需求相匹配。当前,我国工程教育的一个突出问题是院校人才培养与行业发展需求出现了结构性脱节。一方面,高等教育机构培养了大量的工程科技预备人才;另一方面,有大量的行业企业在某些岗位招不到合格的工程师。这其中有复杂的历史原因和经济社会背景,例如高等教育管理体制改革使一些行业院校走向综合性道路,逐渐淡化了与行业的天然联系,行业特色和传统优势未能得到保持;部分院校求新、求大、求全,盲目设置或取消一些专业,造成工程教育专业结构的不合理,等等。

第三,研究型工科大学与应用型工科大学协调发展。如何实现研究型工科大学与应用型工科大学协调发展,是工程教育界关注的重要问题。特别是教育部提出"引导一批普通本科高校向应用技术型高校转型"后,这一问题就显得更为突出。建立类似于德国的高等教育"双元制"体制的改革能否取得成功,关键是应用技术型院校的人才培养质量是否获得社会承认。此外,在"双一流"建设的背景下,在高度竞争的环境中,能否理性选择和长期坚持准确的人才培养定位和服务面向,对于高校的长远发展具有决定性意义。国家需要为不同类型的大学保留合理的发展空间,引导高校树立不同类型大学都可以追求卓越的观念,通过合理政策引导大学各循其位,差异发展,积聚竞争优势。

第四,工程学术学位与专业学位教育协调发展。我国工程教育理科化的倾向较为明显,为了改变这种局面,近年来在发展工程专业学位方面进行了全方位的改革。但是,也要看到,虽然从 2010 年开始,工程专业学位研究生教育在规模上取得突飞猛进的发展,院校工程教育中学术学位和专业学位研究生培养定位不清,培养目标、培养过程、毕业要求雷同的情况依然没有得到根本性扭转。这一问题在硕士层次显得尤为突出。因此,需要通过进一步的改革,厘清工程学术学位与专业学位的人才培养目标定位,为学术学位和专业学位差异化发展铺平道路。

3. 坚持伦理教育、技术赋能,促进工程教育绿色发展

中国工程教育绿色发展的核心指向是支撑可持续发展。目前,全球的可持续发展面临很多紧迫性的问题和挑战。例如,UNESCO 总干事伊琳娜·博科娃在第一部全球工程报告的《序言》中指出,"据预测,仅仅是撒哈拉以南的非洲地区,要实现清洁饮用水和公共卫生的联合国千年发展目标,就至少需要250 万名工程师和技术人员"。《联合国人类环境会议宣言》中明确指出,保护和改善人类环境是关系到全世界各国人民的幸福和经济发展的重要问题,也是全世界各国人民的迫切希望和各国政府的责任。为现代人和子孙后代保护及改善人类环境,已成为人类一个紧迫的目标。这个目标将同争取和平及全世界的经济与社会发展两个基本目标共同实现。①

可持续发展是人类赖以生存的地球未来的发展方向。实现《联合国 2030 年可持续发展议程》的 17 个可持续发展目标,工程将发挥至关重要的作用。中国以及其他新兴国家的发展经验表明,工程科技对经济增长、社会发展具有决定性作用,甚至可以说是经济社会发展的根本动力。实施绿色工程、生态工程,建设资源节约型社会、环境友好型社会、人与自然和谐共处的社会,是中国工程教育发展必须关注的重大课题。

---

① http://www.china.com.cn/chinese/huanjing/320178.htm.

　　然而，以工程科技支撑可持续发展还面临若干重大挑战，全球气候变暖、水环境污染、生态环境破坏、土地荒漠化、自然资源日益短缺等众多严重的环境问题都与人类的永续发展、健康幸福息息相关。这些挑战能否有效解决，取决于高素质工程科技人才。

　　中国的工程教育要坚持绿色发展，择其要者，有以下几个方面：

　　第一，坚持立德树人，强调工程伦理。工程伦理是工程职业活动的道德底线，现代工程教育不能仅仅注重工程专业能力这些"硬实力"的培养，同时要重视工程师工程伦理与职业操守、安全健康观念的培育，只有这样，工程活动才能以人为本，推动社会进步、增进人类福祉。

　　第二，坚持院校工程教育和继续工程教育贯穿可持续发展理念。要使工程支撑可持续发展，就必须使工程师树立可持续的工程观，使其内化为工程师的职业素养，并贯穿所有的工程教育环节，覆盖所有的工程职业活动。

　　第三，坚持节约资源，借助信息技术降低工程教育成本。工程教育是高资源消耗的教育，工程实践活动离不开基础设施、实验装备的支撑。现代信息技术的发展，为控制工程教育成本提供了契机和条件。在某些领域，应用大数据、互联网、物联网、虚拟现实与增强现实等技术，建立虚拟实验室、在线实验室等，可以使学生获得与真实场景类似的学习体验，这将极大地降低工程教育的成本。当然，信息技术在工程教育中的应用也不能走向极端，一些隐性知识和技能的习得，仍需要真实的学习体验。

4. 坚持扩大机会、加大投入，促进工程教育公平发展

　　工程教育可持续发展的核心是提倡共享发展、促进教育公平和性别平等。

　　第一，工程教育共享发展的关键是提供公平接受教育的机会。教育公平是世界各国关心的主题，促进教育公平是工程教育发展的重要使命。在2015年联合国教科文组织举行的第38次大会上，《教育2030行动框架》正式发布，教育的使命被扩大到全纳、公平和终身学习，给每个人公平的机会。工程教育规模庞大，是使公民获得赖以生存发展的直接技能的重要渠道，确保工程教育向有意愿学习工程的人开放，是保障教育公平目标实现的关键。

　　第二，工程教育共享发展中的特别事项是性别平等。性别平等是联合国教科文组织两大优先事项之一，工程职业中的女性参与，是使保持工程丰富多彩的必要条件。女性在工程学习、工程职业参与中存在着普遍的隐形歧视，不

利于保持工程的多样性。因此，促进女性的工程职业参与，不仅仅是政治正确的问题，还直接影响到女性独立生存和选择职业的权利。

第三，工程教育共享发展需要保障优质工程教育资源的可获得性。由于资源约束的特点，发达地区和欠发达地区在优质工程教育资源的可获得性上往往有巨大差异。这些差距不仅体现在课程资源、实验条件等方面，还包括教师教学能力等方面。

第四，工程教育共享发展在院校层面具有特殊意义。由于学科专业壁垒、利益分配、本位意识等原因，即便在大学内部，资源共享也存在问题。当前特别需要建立跨院系、跨学科的工程教育资源共享，建立公共实验基地，公共实验平台，开设跨学科的课程，减少跨院系选课的限制。

5. 坚持国际合作、共建共赢，促进工程教育开放发展

中国工程教育开放发展的关键是促进全方位的合作，包括推动、主导工程教育的国际合作，同时在合作主体上，倡导多元教育主体的共同参与，特别是吸引企业、社会、研究单位参与工程人才培养，形成跨国界的工程教育共同体。

习近平主席在 2014 年国际工程科技大会的主旨演讲中指出："工程科技的灵魂在于开放。工程科技国际合作是推动人类文明进步的重要动力。中国将在更大范围深化工程科技领域国际交流合作，加强政府间、半官方及民间合作，继续参加或牵头开展国际大科技合作工程，加强信息交流和人才培养，携手应对人类共同挑战，实现各国共同发展。"[1]

推进"丝绸之路经济带"和"21 世纪海上丝绸之路"建设，是党和国家统筹国内和国际两个大局，顺应区域和全球合作的潮流，契合沿线国家和地区发展需要的重大倡议和战略构想。随着越来越多的国家和地区的支持和加入，"一带一路"正成为沿线国家和地区的经济纽带、信息纽带、文化纽带，也必将建成发展之路、和平之路、共赢之路。

工程科技和工程教育在"一带一路"倡议推进过程中扮演着非常重要的角色。"一带一路"倡议所涉及的为数众多的铁路、公路、桥梁、电网、光缆、机场、港口、油气管道等基础设施建设和国际产能合作重大项目，都需要工程科技直接支撑。这些合作的顺利实施，需要大批具有国际竞争力的工程科技人才。

---

[1] 习近平出席 2014 年国际工程科技大会并发表主旨演讲. 新华网, 2014-06-03.

　　要加强对外工程科技人才培养，就要大力支持中国的工程教育和企业一起走出去。长期以来，我国的工程师为推动国家工业化进程发挥了重要作用，很多关系国计民生的重大工程项目，都是由中国自己培养的工程师完成的，对中国的工程教育水平，我们要充满信心。当前，我国高校的在校生和毕业生中，三分之一是理工科学生，这是我国经济、社会可持续发展的核心人力资源。经过多年的发展，一批高水平理工科大学已经积累了丰富的教育资源，有实力开展更为广泛的国际工程教育合作。

第四章 《中国工程教育 2035》 指标体系

面向 2035 年,我国高等工程教育应在哪些维度上实现新发展? 在这些维度又应达到何种发展水平? 本章一方面基于 SOCIAL 原则构建定量与定性相结合的指标体系,以衡量 2035 年我国建成高等工程教育强国时在规模、结构、质量、开放性、公平性与可持续等维度的发展水平。另一方面,秉承"创新、协调、绿色、共享、开放"的基本理念,面向建成工程教育强国的定位,横向对比中、美、德、俄四国数据,以阐明指标体系构建的合理性。

第一节 中国工程教育 2035 指标体系构建

1. 高等工程教育指标体系概念内涵

随着我国高等教育规模的跨越式发展,国内和国际社会对于如何建立世界一流的中国高等工程教育体系提出了更高的要求。中国是工程教育大国似乎已成定论,但是,在世界工程教育舞台中,我国工程教育办学水平、人才培养质量、总体结构如何,如何将中国的高等工程教育同国际工程教育在同维度上比较,诸如此类的问题备受人们关注。世界范围内广泛应用的高等教育评估指标体系可以为高等工程教育的多维度评估提供借鉴。这些最常使用并具有广泛影响力的指标体系包括美国新闻和世界报道(USNews)、泰晤士高等教育(THE)、QS(Quacquarelli Symonds 教育咨询公司)和上海交通大学高等教育研究院(前身为高等教育研究所)及上海软科教育信息咨询有限公司等著名组织发布的全球大学排名指标体系。他们的构建初衷包含为全球高等教育提供比较的可能,其中上海交通大学高等教育研究院及上海软科教育信息咨询有限公司的世界大学学术排名(ARWU)的构建目的,还包括为中国大学在全球的地位提供参考依据。因此,这些指标体系可以作为我国高等工程教育的全球地位研究的参考依据。这四种高等教育评估所运用的指标体系如表4-1~表4-4所示。

表4-1 美国新闻和世界报道(USNews)高等教育评估指标体系

编号	指标	性质与权重(%)
1	全球研究声誉	主观指标 12.5
2	地区研究声誉	主观指标 12.5
3	论文发表	客观指标 10
4	学术书籍	客观指标 2.5
5	会议	客观指标 2.5
6	标准引用影响	客观指标 10
7	总被引频次	客观指标 7.5
8	被引次数前10%的论文数量	客观指标 12.5
9	被引次数前10%的论文占比	客观指标 10
10	国际合作	客观指标 10
11	子领域中被引次数前1%的论文数量	客观指标 5
12	所有论文中被引次数在前1%的论文占比	客观指标 5

资料来源:美国新闻和世界报道(USNews)官方网站(https://www.usnews.com/)。

表4-2 泰晤士高等教育(THE)高等教育评估指标体系

编号	指标	性质与权重(%)
1	教学声誉调查	主观指标 15
2	生师比	客观指标 4.5
3	博士学士比	客观指标 2.25
4	拥有博士学位的科研人员比例	客观指标 6

续表

编号	指标	性质与权重(%)
5	机构收入	客观指标 2.25
6	研究声誉调查	主观指标 18
7	研究成果收入	客观指标 6
8	科研生产力	客观指标 6
9	引用量	客观指标 30
10	国际学生比例	客观指标 2.5
11	国际教师比例	客观指标 2.5
12	国际合作	客观指标 2.5
13	产业收入	客观指标 2.5

资料来源：泰晤士高等教育(THE)官方网站(https://www.timeshighereducation.com/)。

表 4-3　QS 高等教育评估指标体系

编号	指标	性质与权重(%)
1	学术声誉	主观指标 40
2	雇主声誉	主观指标 10
3	生师比	客观指标 20
4	师均引用率	客观指标 20
5	国际教师比例	客观指标 5
6	国际学生比例	客观指标 5

资料来源：QS 官方网站(https://www.topuniversities.com/)。

表 4-4　上海软科高等教育评估指标体系(ARWU)

编号	指标	性质与权重(%)
1	获诺贝尔奖和菲尔兹奖校友折合数	客观指标 10
2	获诺贝尔奖和菲尔兹奖教师折合数	客观指标 20
3	Nature 及 Science 期刊发表论文数	客观指标 20
4	科学引文索引(SCI)和社会科学引文索引(SSCI)收录论文数	客观指标 20
5	师均表现	客观指标 10

资料来源：上海软科(ARWU)官方网站(http://www.shanghairanking.com/)。

研究组在对重要指标体系的评估内容与特征分析的基础上,结合国际大学评价委员会在《国际大学创新力评价报告》中提出的指标体系设计的 SOCIAL 原则(Scientificity 科学性、Objectivity 客观性、Comparability 可比性、Innovation 创新性、Availability 可获取性、Logicality 合理性),以及波得·布鲁克在《管理实践》中提出的绩效评估的 SMART 原则(Specific 具体性、Measurable 可度量性、Attainable 可实现性、Realistic 现实性、Timebound 时限性),初步构建了评估高等工程教育在规模、结构、质量、开放性、公平性和可持续性六个方面的指标体系(见表 4-5)。其中,在指标体系的维度的设计上主要参考各大评估体系的维度划分,在具体的指标设计上主要考虑指标的可获得性、国际可比性和可操作性。首先,这六个方面做出概念界定如下:

高等工程教育规模,是指以高等工程教育学生数量、学校数量、教师数量等表征的高等教育体量。在本研究中,指高等工程教育系统内各学历、学位层次工科学生规模,在单个年度上指该年度的各学历、学位层次(含大专、学士、硕士与博士层次)工科授予学位人数的总量。它集中反映了一国社会经济发展对工程科技人才数量的基本要求,充分展现了一国可资利用的工程科技人才的规模数量。实现从资源驱动向创新驱动转换,工程科技人力资源是关键。

高等工程教育结构,是指不同要求和程度的工程教育构成状态,用大专、本科、硕士研究生和博士研究生数量等指标表征。在单个年度上指教育系统内专科生、本科生、研究生的授予学位人数的结构分布。联合国教科文组织(UNESCO)制定的《国际教育标准分类法》(ISCED-2011)将教育层次结构分为 8 个等级,其中,高等教育包括 5 级至 8 级,层次结构可表征为 5~8 级各级工科毕业生的占比情况。它从宏观上反映了一个国家的工程教育政策、教育倾向及教育价值观,反映了社会和经济发展对工程科技人才的多样性和层次性要求。

高等工程教育质量,是指我国高等工程教育的思想观念、人才培养模式、教学内容体系、教学方法等的合理性程度,以及教育培养的人才所具备的知识、能力和素质在国内和国际范围内获得认可的程度。高等工程教育质量可通过 ESI 工程领域前 1% 学科个数、ESI 工程领域篇均被引频次、PCT 专利数、产业收入、每百万居民中研发人员数、教学声誉、生师比、工科博士毕业生占比等多种指标予以表征。

高等工程教育开放性,是指我国高等工程教育为同国际接轨而开展的互联互通以及国际合作交流情况。高等工程教育开放可表征为我国工程教育专业通过国际工程教育认证数的占比与我国加入 IEA 发布的"七大国际协议"的个数。

高等工程教育公平性，是指我国高等工程教育的资源分布与机会均等的状态。高等工程教育公平可表征为我国中西部工科计划招生人数占全国计划招生总数的比重与高等院校本科、研究生 STEM 学科在校学生的男女性别差异。

高等工程教育可持续性，是指高等院校的课程体系是否体现可持续发展理念与绿色工程理念、高等院校的战略规划与出台高教政策是否展现对可持续发展理念的理解、教师教学和学生互动过程中是否穿插工程伦理知识等。

表 4-5　高等工程教育六维度指标体系

维度	内涵
规模维度	主要包含学生数量、学校数量、教师数量等。本研究中，指高等工程教育系统内各学历、学位层次工科在校生与毕业生规模
结构维度	主要包含层次、类型、科类、区域等方面的构成比例。本研究重点讨论层次结构、类型结构、科类结构
质量维度	主要指学科建设、学术研究、技术创新等方面的成效与表现。本研究以 ESI 工程领域前 1% 学科机构数占比、ESI 工程领域篇均被引频次、PCT 专利数、产业收入、每百万居民中研发人员数来衡量
开放性维度	主要指参与、推动、主导国际合作与交流的情况。本研究重点探讨我国工程教育专业通过国际工程教育认证与我国加入 IEA 发布的"七大国际协议"的情况
公平性维度	主要指性别、教育资源分布与机会均等的状态，本研究重点考察性别平衡、区域均衡、入学机会等
可持续性维度	主要指可持续发展理念、原则、技术及方法在工程教育过程中的应用。本研究重点考察工程教育中环境保护意识、工程伦理、技术促进发展等

2. 高等工程教育指标体系结构与数据标准

到 2035 年，我国有望实现建成高等工程教育强国的目标。上文中，本研究已定义和阐述了建成高等工程教育强国的六大发展维度。在这六个维度进行综合发展既是我国未来高等教育发展的自我要求，也是未来我国社会、产业发展对高等教育提出的客观要求。为此,本研究在上文构建的指标体系的基础之上,对其进行指标扩展,通过"客观指标为主,主观指标为辅"的具体指标设计来衡量我国高等工程教育在未来各发展阶段的参考值,由此构建了我国面向 2035 的高等工程教育发展目标体系(见表 4-6)。

表 4-6 高等工程教育六大维度发展的目标体系设计及其测量

项目	指标类	指标	测量
高等工程教育规模指标	绝对学生规模	指标 1: 工科在校生数(万人)	单个年度内,大专、学士、硕士和博士层次的工科在校生人数的总和
		指标 2: 工科毕业生数(万人)	单个年度内,大专、学士、硕士和博士层次的工科毕业生人数的总和
	相对学生规模	指标 3: 工科在校生数占比(%)	工科在校生总数在该年度高等院校在校生数总数中的比重
		指标 4: 工科毕业生数占比(%)	工科毕业生总数在该年度高等院校毕业生总数中的比重
		指标 5: 每万人中工科毕业生数(人)	工科毕业生数(人)除以一个国家的居民人数(万人)
高等工程教育结构指标		指标 6: 层次结构(%:%:%:%)	各个 ISCED 层级的工科毕业生人数占工科毕业生总数的比重
		指标 7: 研究生类型结构(%:%)	用高等教育的研究生毕业生中学术型与专业型研究生的比例代理
高等工程教育质量指标	主要指标	指标 8: ESI 工程领域前 1%学科机构数占比(%)	ESI 数据库中,在工程学、材料科学与计算机科学三个学科内,该国相关机构(主要是高等院校)被列入 TOP 1% 的机构个数占 TOP 1% 机构总数的比重,为客观指标
		指标 9: ESI 工程领域论文篇均被引频次(次/篇)	ESI 数据库中,在工程学、材料科学与计算机科学三个学科内,该国家高等院校与研究院所等相关机构所发表论文的总引用频次与总篇数的比值,为客观指标
		指标 10: PCT 专利数(项)	Web of Science 德温特专利库中该国 PCT 专利申请数

续表

项目	指标类	指标	测量
高等工程教育质量指标	主要指标	指标 11：产业收入（标准化总值）	2020 年泰晤士高等教育评估的世界前 1397 个高校中，该国高校从产业界获得的研究收入按购买力平价法和该校人员数进行标准化后的加总得分。该指标评价了该国若干世界领先高校的学业知识在社会实践中的转化程度
		指标 12：每百万居民中研发人员数（人）	研发人员数（人）除以一个国家的居民人数（百万人），按照全时当量统计
	参考指标	指标 13：教学声誉	雇主、家长等利益相关者对高等工程教育所培养的人才的满意度水平，通过对雇主和家长等利益相关者进行大样本访谈调查来获得，为主观指标
		指标 14：生师比（%）	高等工程教育的在校生总数与专职教师和研究人员总数的比值，为客观指标。由于数据缺失，此指标用高等教育的在校生总数与专职教师和研究人员总数的比值代理
		指标 15：工科博士毕业生占比（%）	高等工程教育的工科博士毕业生人数与该年度整体博士毕业生人数的比值，为客观指标
高等工程教育开放性指标		指标 16：工程专业认证比（%）	我国已通过 ABET 国际认证的高等工程教育专业的数量与我国专业总数的比值
		指标 17：国际互认度	三大工程教育项目的互认协议（《华盛顿协议》《悉尼协议》《都柏林协议》）和四大工程人才互认协定（《国际职业工程师协定》《国际工程技术员协定》《国际工程技师协定》《亚太工程师协议》）中，加入协议的个数

续表

项目	指标类	指标	测量
高等工程教育公平性指标		指标18：性别平衡度(%)	由于工程教育学科的男女在校人数数据不易获得,使用《中国教育统计年鉴》中的我国高等学校男女在校人数绝对数量来对高等工程教育公平指标予以衡量,通过本数据能够对工程教育的男女占比与性别差异等进行展示
		指标19：地区均衡度(%)	中西部省市(河南省、山西省、湖北省、安徽省、湖南省、江西省、陕西省、四川省、云南省、贵州省、广西壮族自治区、甘肃省、青海省、宁夏回族自治区、西藏自治区、新疆维吾尔自治区、内蒙古自治区、重庆市)普通高等教育计划招生人数占全国计划招生总数的比重
高等工程教育可持续指标		指标20：绿色工程教育理念	高等院校的产业政策与人才培养目标是否体现可持续发展理念与绿色工程理念、高等院校的战略规划与出台高教政策是否展现对可持续发展理念的理解、教师教学和学生互动过程中是否穿插工程伦理知识等

在规模方面,指标1、2衡量了高等工程教育的绝对学生规模,指标3、4、5衡量了相对学生规模。本研究用高等教育工科在校生和毕业生的绝对与相对规模来衡量高等工程教育的规模。

在结构方面,指标6衡量了ISCED 5级到8级工科毕业生之间的比例关系,表征了高等工程教育系统为国家提供的工科毕业生的学历层次高低情况,衡量了一个国家的高等工程教育的层次结构。指标7则从专业型研究生和学术型研究生的相对占比来衡量一个国家高等工程教育的类型结构。

在质量方面,指标8到15体现了一国高等工程教育系统的整体质量水平,主要从学科建设、学术研究、技术创新、人才培养质量四个角度来考察,采取的是国际间可供比较的指标。

在开放性方面,指标 16 和 17 衡量一个国家高等工程教育受世界其他国家认可的程度,表明我国高等工程教育存在与其他国家衔接、合作的可能性程度。

在公平性方面,指标 18 和 19 衡量一个国家高等工程教育的性别与地域公平程度。

在可持续性方面,指标 20 衡量一个国家高等工程教育的可持续发展意识的强弱,包括高等院校的课程体系是否体现可持续发展理念与绿色工程理念、高等院校的战略规划与出台高教政策是否展现对可持续发展理念的理解、教师教学和学生互动过程中是否穿插工程伦理知识等。

在第二节研究组拟对高等工程教育规模、结构与质量维度的具体指标选择与设计的合理性进行论证,并基于中、美、德、俄四国的横向数据比较展示中国高等工程教育现状,从客观数据出发探索中国高等工程教育未来可能的发展方向。

第二节 高等工程教育多维指标国际比较

1. 中、美、德、俄四国工程教育结构与数据标准化

现有研究在规模、结构和质量等方面对各国高等教育进行了多维比较,本章节参照已有文献的研究方法来对中国、美国、德国和俄罗斯的高等工程教育进行多维度的国际比较。

首先,为保证各国层次结构具有可比性和通约性,本研究采用联合国教科文组织（UNESCO）制定的《国际教育标准分类法》（*International Standard Classification of Education*, ISCED）作为各国间教育结构横向比较的基础。ISCED 是一个按照国际商定的共同定义和概念对各类教育统计提出的标准框架报告。该框架确保了教育所产生的各项指标的国际可比性,并提供教育系统的国际比较平台,得到国际的普遍认可。目前,最新的国际教育标准 ISCED（2011）已在全球实施,该标准将教育层次结构分为 8 个等级,其中,高等教育包括 5 级至 8 级（见表 4-7）。为简便,拟按照中国习惯将 ISCED 5、6、7、8 层级分别称为大专层次、学士层次、硕士层次和博士层次。

表 4-7 ISCED(2011)教育等级及各国高等教育学历学位对应关系

ISCED 等级	等级名称	美国	德国	俄罗斯	中国
8 级	博士 或同等学位	博士	博士	副博士	博士
7 级	硕士 或同等学位	硕士	硕士、 大学及同等 高校学位	硕士、 专家文凭	硕士
6 级	学士 或同等学位	学士	学士、 高等专业 学院学位、 技工学历 (长项目)	学士学位	学士
5 级	短期 高等教育	副学士、 1 年以上 职业证书	技工学历 (短项目)	中级专家 文凭	大专学历

资料来源:浙江大学课题组根据附图 1 至附图 4 绘制。

在下文中,将按照上表构建的不同国家高等教育层级之间的对应关系来分析高等工程教育在规模、结构、质量等维度的表现。在每一个维度,本文将运用构建的指标体系具体指标来进行测量,从而对中、美、德、俄四个国家的高等工程教育规模、结构和质量做国际比较。

2. 高等工程教育规模指标比较

(1) 概念内涵与概要

高等工程教育规模,是指以高等工程教育学生数量、学校数量、教师数量等表征的高等教育体量。在本研究中,指高等工程教育系统内各学历、学位层次工科学生规模,在单个年度上指该年度的各学历、学位层次(含大专、学士、硕士与博士层次)工科授予学位人数的总量。高等工程教育规模集中反映了一国社会经济发展对工程科技人才数量的基本要求,充分展现了一国可资利用的工程科技人才的规模数量。实现从资源驱动向创新驱动转换,工程科技人力资源是关键。

规模方面,已有许多研究运用在校生数、毕业生数等绝对指标进行衡量,也有研究用每万人中毕业生人数衡量教育的相对规模。由于指标体系在设计中综合使用两种方法来衡量高等工程教育的规模,故此通过两个绝对指标(高等教育工科在校生数、高等教育工科毕业生数),以及三个相对指标(高等教育工科在校生占比、高等教育工科毕业生占比、每万人中工科毕业生数)来对四国的高等工程教育规模进行测量。

总体而言,2015 年,我国在四个规模指标中均居首位,工科在校生数超1070 万人,毕业生数超 280 万人,工科在校生占比达 38%,毕业生占比达39%,是美国的 3 倍有余。但我国每万人中工科毕业生数仅有 20 人,低于俄罗斯水平(32 人),略高于德国与美国水平。见表4-8。

表4-8 2015 年中、美、德、俄高等工程教育规模比较

指标\国别	指标 1	指标 2	指标 3	指标 4	指标 5
	高等教育工科在校生数(万人)	高等教育工科毕业生数(万人)	高等教育工科在校生占比(%)	高等教育工科毕业生占比(%)	每万人中工科毕业生数(人)
中国	1072.55	283.57	38	39	20
美国	211.72	39.94	11	10	12
德国	81.32	14.64	27	27	18
俄罗斯		45.52		27	32

资料来源:中国数据来源于2004—2016 年的《中国教育年鉴》《中国教育统计年鉴》和国家统计局官方网站。美国数据来源于美国工程教育协会《工程学院概况与统计书》(Engineering College Profiles & Statistics Book)(1994—2015)、美国工程院《2018 年科学与工程指标》报告和美国教育部教育统计中心官方网站等。德国数据来源于德国联邦统计局官方网站、联邦研究与教育部官方网站。俄罗斯数据来源于2000—2017 年俄罗斯统计年鉴。另四国部分数据来源于联合国教科文组织统计局(UNESCO Institute of statistics, UIS)数据库 http://data. uis. unesco. org/。

(2) 中、美、德、俄规模指标表现

本节对 2015 年中、美、德、俄四个国家的高等工程教育规模数据进行横向比较①。

---

① 因 2016 年以后部分国家高等工程教育规模数据缺失。

从表 4-8 可以发现:第一,中国在高等教育工科在校生数、毕业生数、工科在校生占比、工科毕业生占比四项指标上均居首位,工科在校生数超过 1070 万人,毕业生数超过 280 万人,工科在校生占比达 38%,毕业生占比达 39%,是美国的 3 倍有余。这与我国较大的高等教育学龄人口、不断提高的高等教育毛入学率以及我国在工业化进展中对工科的重视密不可分。

第二,我国每万人中工科毕业生数仅有 20 人,低于俄罗斯水平(32 人),略高于德国与美国水平,显示出我国工科毕业生"浓度"还可进一步提高。指标 5(每万人中工科毕业生数)中,我国平均每万人居民中有工科毕业生 20 人,高于德国(18 人)与美国(12 人),但远低于俄罗斯(32 人)。考虑到我国在工业 4.0 时代仍然需要大批工科人才,建议我国继续提高工科毕业生人数,并进一步提高每万人中工科毕业生比例。

3. 高等工程教育结构指标比较

(1)概念内涵与概要

高等工程教育结构,是指不同要求和程度的工程教育构成状态,包括层次结构与类型结构两个方面。层次结构指不同层级的工科毕业生的相对占比。联合国教科文组织(UNESCO)制定的 2011 年版《国际教育标准分类法》(ISCED-2011)将教育层次结构分为 8 个等级,其中,高等教育包括 5 级至 8 级,层次结构可表征为 5~8 级各级工科毕业生的占比情况。这一占比从宏观上反映了一个国家的工程教育政策、教育倾向及价值观,反映了社会和经济发展对工程科技人才的多样性和层次性要求。类型结构指学术型与专业型毕业生的相对占比。

为了实现从工程教育大国走向工程教育强国的目标,我国已经出台许多相关政策,指引我国高等工程教育向更高水平和更高目标发展。2010 年《国家中长期教育改革和发展规划纲要(2010—2020)》就提出,高等工程教育要"优化学科专业、类型、层次结构"。2017 年,国务院《国家教育事业发展"十三五"规划》又指出,我国人才培养存在"类型、层次结构与社会需求不够契合"的问题。2018 年,教育部等颁布《关于高等学校加快"双一流"建设的指导意见》,再次指出未来高等教育要"优化人才培养的规模和结构""优化不同层次学生的培养结构,提高教育质量"。高等教育要为工业 4.0 时代培养合格的人才，必须对自身进行结构性改革。可以发现，未来高等工程教育改革与发展的目标包含着规模、层次结构、类型结构、质量、学科专业与需求的对口度等多个维度。

指标体系的具体指标选择如下。在层次结构方面，本研究选择分层工科毕业生占比（%∶%∶%∶%）衡量 ISCED 5 级到 8 级工科毕业生之间的比例关系，以表征高等工程教育系统为国家提供的工科毕业生的学历层次高低情况。在类型结构方面，用高等教育的专业型研究生和学术型研究生的相对占比来代理一个国家高等工程教育的类型结构。

总的来讲，在层次结构方面，中国高等工程教育的层次结构呈"金字塔"形，而美国、俄罗斯则呈"纺锤"形。我国层次结构重心较低，且呈低端发展态势，而同样呈金字塔形的德国已开始在本科和硕士层次快速发展。在类型结构方面，2009 年至今，我国专业型研究生毕业生占比已提高，硕士层次学术型与专业型占比从 93%∶7% 提高到 57%∶43%，博士层次从 98%∶2% 提高到 96%∶4%。

（2）中、美、德、俄结构指标表现

2005—2016 年，中国高等工程教育层次结构一直呈"金字塔"形，大专层次毕业生人数多、占比高、增长率高，呈中低端增长态势。"金字塔"形是指，占比最大的为大专层次，从大专到博士层次其占比依次减小，占比最小的是博士层次。期间，大专层次工科毕业生在工科毕业生总数中的占比从 49% 波动上升至 59% 后又下降至 50%，学士层次工科毕业生占比从 44% 波动下降至 35% 后又上升至 43%，硕士与博士层次工科毕业生占比稳定在 6%、1% 左右，总体来看层次"重心"降低后有所回升，但始终维持"金字塔"形。2016 年，中国工科毕业生的层次结构由大专到博士分别为 50%∶43%∶6%∶1%。2004 到 2016 年，大专层次工科毕业生平均增长率为 13.0%，学士层次为 8.9%，硕士层次为 12.0%，博士层次为 7.8%。也就是说，增长最快的为大专层次，最慢的是博士层次，呈低端快速增长态势。见图 4-1 所示。

美国高等工程教育层次结构一直呈"纺锤"形，本科层次毕业生多、占比高，博士层次增长率高，呈中高端增长态势（见图 4-2 所示）。2004—2014 年，美国四个层次工科毕业生占比一直呈"纺锤"形，即博士层次、硕士层次、学士层次占比

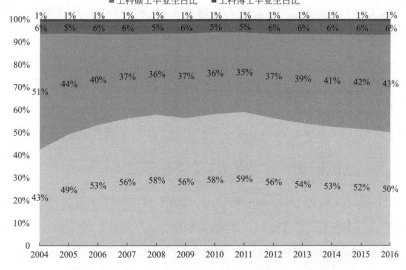

图 4-1 2004—2016 年中国高等工程教育层次结构

资料来源:2004—2016 年的《中国教育年鉴》《中国教育统计年鉴》和国家统计局官方网站。

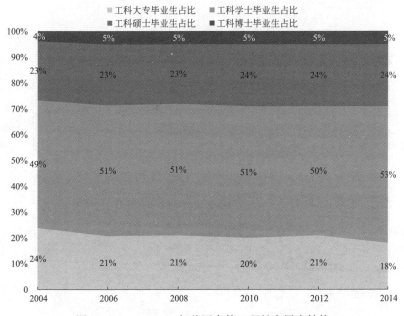

图 4-2 2004—2014 年美国高等工程教育层次结构

资料来源:美国工程教育协会《工程学院概况与统计书》(*Engineering College Profiles & Statistics Book*)(1994—2015),美国工程院《2018 年科学与工程指标》报告和美国教育部教育统计中心官方网站等。

依次增加,但大专层次占比却小于学士层次。此期间,大专层次占比波动下降,而博士层次、硕士层次、学士层次占比略有上升,使整体的层次"重心"进一步提高。2004 年,学士层次工科毕业生占比大专层次占比大 25%;2014 年,这一差值提高到 35%,表明层次结构在进一步地纺锤化。到 2014 年,美国工科毕业生的层次结构由大专到博士分别为 18%:53%:24%:5%。2004—2014 年,美国大专、学士、硕士、博士层次工科毕业生平均增长率分别为 0.7%、3.2%、2.7% 和 5.6%。也就是说,美国增长最快的为博士层次,最慢的是大专层次。

2005—2012 年,德国高等工程教育层次结构呈"金字塔"形,正"去金字塔化",有中端增长趋势(见图 4-3 所示)。德国工科毕业生人数占毕业生总数的比重呈"金字塔"形,即占比最大的是大专层次,占比最小的是博士层次,从大专层次到博士层次占比依次减小。2005 年,学士层次工科毕业生占比比大专层次占比小 37%;2014 年,这一差值降低到 10%,差值明显缩小,显示出"去金

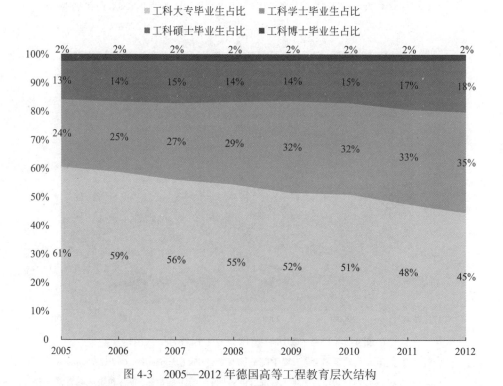

图 4-3　2005—2012 年德国高等工程教育层次结构

资料来源:德国联邦统计局官方网站、联邦研究与教育部官方网站。

字塔化"趋势,整体上看中端增长明显。该期间,德国大专层次的占比逐步下降,而学士层次、硕士层次占比波动上升,博士层次占比保持不变,总体来说层次重心进一步提高。到 2012 年,德国工科毕业生层次结构由大专层次到博士层次分别为 45%：35%：18%：2%,仍呈"金字塔"形。2005—2012 年,德国大专、学士、硕士、博士层次工科毕业生平均增长率分别为 0.6%、11.3%、9.8%、3.1%。也就是说,德国增长最快的为学士层次,最慢的是大专层次。

俄罗斯高等工程教育层次结构从"金字塔"形向"纺锤"形转变,有中端增长表现。2004—2005 年,俄罗斯大专层次工科毕业生人数高,甚至高于学士层次与硕士层次之和。2006—2008 年,大专层次毕业生与学士层次与硕士层次之和基本相当。2009—2016 年,大专层次毕业生则小于学士层次与硕士层次之和。由此,呈现出从"金字塔"形向"纺锤"形的变化,是中端增长的表现。2000—2016 年,俄罗斯大专层次工科毕业生人数平均增长率为 2.0%,学士层次与硕士层次之和为 4.7%,博士层级为 1.2%。如图 4-4 所示。

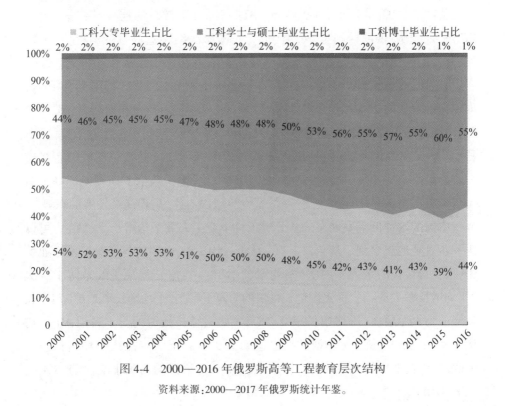

图 4-4　2000—2016 年俄罗斯高等工程教育层次结构

资料来源:2000—2017 年俄罗斯统计年鉴。

　　根据数据情况,研究组取 2006 年、2012 年为观察年,对比四国高等工程教育层次结构及其占比变化情况,如表 4-9 所示。

表 4-9　2006 年与 2012 年四国高等工程教育结构占比变化情况

国别		中国	美国	德国	俄罗斯
2006 年层次结构	博	1%	5%	2%	2%
	硕	6%	23%	14%	48%
	本	40%	51%	25%	
	专	53%	21%	59%	50%
2012 年层次结构	博	1%	5%	2%	2%
	硕	6%	24%	18%	55%
	本	37%	50%	35%	
	专	56%	21%	45%	43%

资料来源:浙江大学课题组根据图 4-1 至 4-4 总结。

　　从图 4-1~图 4-4 和表 4-9 可知,中国高等工程教育的层次结构呈"金字塔"形,而美国、俄罗斯则呈"纺锤"形。我国层次结构重心较低,且呈低端发展态势,而同样呈金字塔形的德国已开始在本科和硕士层次快速发展。2006 年,我国硕、博士工科毕业生占比总计 7%,美国则高达 28%,德国也有 16%,即使与俄罗斯的 2% 相比,我国博士层次工科毕业生占比也相对较低;到 2012 年,中国高等工程教育的规模大幅扩大,但其硕士、博士层次占比并未提高,本科层次占比有所降低,专科层次占比有所提高,低层次、低重心发展的态势进一步凸显。与此相反,美国提高了硕士层次占比,德国与俄罗斯则是提高了硕士与本科层次工科毕业生占比,降低了专科层次占比,呈现高端发展的态势。

　　中国的这种低端发展态势从分层工科毕业生人数平均增长率(%)中可以进一步直观地观察到。从数量上看,2004—2016 年,中国的各层次工科毕业生中,增长得最快的是大专层次(平均增长率 13%),增长得最慢的是博士层次(平均增长率 7.8%)。而美国增长最快的为博士层次(平均增长率 5.6%),增长最慢的为大专层次(平均增长率 0.7%)。德国增长最快的为本科层次(平均增长率 11.3%),硕士平均增长率也达到了 9.8%,而大专层次平均增长率仅 0.6%。俄罗斯增长最快的为本科层次(4.7%),最慢的为硕士层次(1.2%)。见表 4-10。

表 4-10 中、美、德、俄高等工程教育各层次毕业生平均增长率

国别(年份)	中国 (2004—2016 年)	美国 (2004—2014 年)	德国 (2005—2012 年)	俄罗斯 (2000—2016 年)
ISCED 8 博士层次工科 毕业生平均 增长率(%)	7.8	5.6	3.1	2.0
ISCED 7 硕士层次工科 毕业生平均 增长率(%)	12.0	2.7	9.8	1.2
ISCED 6 本科层次工科 毕业生平均 增长率(%)	8.9	3.2	11.3	4.7
ISCED 5 大专层次工科 毕业生平均 增长率(%)	13.0	0.7	0.6	2.0

资料来源:基础数据方面,中国数据来源于 2004—2016 年的《中国教育年鉴》《中国教育统计年鉴》和国家统计局官方网站。美国数据来源于美国工程教育协会《工程学院概况与统计书》(*Engineering College Profiles & Statistics Book*)(1994—2015)、美国工程院《2018 年科学与工程指标》报告和美国教育部教育统计中心官方网站等。德国数据来源于德国联邦统计局官方网站、联邦研究与教育部官方网站。俄罗斯数据来源于 2000—2017 年俄罗斯统计年鉴。另四国部分数据来源于联合国教科文组织统计局(UNESCO Institute of statistics, UIS)数据库 http://data. uis. unesco. org/。本表由浙江大学课题组根据以上基础数据计算得来。

在层次结构变化的同时,高等教育的类型结构也在发生变化(见表 4-11、表 4-12),2009 年至今,我国专业型研究生毕业生占比已提高,硕士层次学术型与专业型占比从 93%∶7% 提高到 57%∶43%,博士层次从 87%∶2% 提高到 96%∶4%。2009—2016 年,我国高等教育的硕士毕业中,学术型硕士占比从 93% 降低至 57%,专业型硕士占比从 7% 增加到 43%。到 2016 年,我国学术型硕士与专业型硕士的占比为 57%∶43%,基本接近五五分,比 2009 年学术型占 93% 的情况有很大改变,更加符合中国国情。博士毕业生中,专业型博士所占比例也有所提高。

表4-11　我国硕士层次高等教育类型结构

年份	硕士毕业生总数	学术型硕士人数	专业型硕士人数	学术型硕士占比	专业型硕士占比
2009	322 615	299 314	23 301	93%	7%
2010	334 613	308 986	25 627	92%	8%
2011	379 705	329 610	50 095	87%	13%
2012	434 742	346 575	88 167	80%	20%
2013	460 487	330 606	129 881	72%	28%
2014	482 210	311 275	170 935	65%	35%
2015	497 744	299 334	198 410	60%	40%
2016	508 927	291 715	217 212	57%	43%

资料来源：2004—2016年《中国教育年鉴》《中国教育统计年鉴》和国家统计局官方网站。

表4-12　我国博士层次高等教育类型结构

年份	博士毕业生总数	学术型博士人数	专业型博士人数	学术型博士占比	专业型博士占比
2009	48 658	47 551	1107	98%	2%
2010	48 987	47 863	1124	98%	2%
2011	50 289	49 145	1144	98%	2%
2012	51 713	50 401	1312	97%	3%
2013	53 139	51 248	1891	96%	4%
2014	53 653	51 675	1978	96%	4%
2015	53 778	51 649	2129	96%	4%
2016	55 011	52 700	2311	96%	4%

资料来源：2004—2016年《中国教育年鉴》《中国教育统计年鉴》和国家统计局官方网站。

4. 高等工程教育质量指标比较

（1）概念内涵与国际常用指标

高等工程教育质量，是指我国高等工程教育的思想观念、人才培养模式、教学内容体系、教学方法等的合理性程度，以及教育培养的人才所具备知识、能力和素质能在国内和国际范围内获得认可的程度。

　　国际知名的高等教育质量评估指标具有以下特征。第一,以客观指标为主,以主观指标为辅;第二,声誉调查和雇主评价两项主观指标受到重视,权重较高;第三,指标体系主要覆盖了人才培养和科学研究两个方面;第四,在评估高等教育质量时,人力资源投入比经费投入更具有说服力;第五,对论文和专利的评价从数量向引用率转变,从总量表现向师均表现转变。使用的具体指标如表 4-13 所示。

表 4-13　国际常用高等教育评估指标体系中的质量指标

	人才培养			科学研究			
	教学声誉	人才培养资源	人才培养成果	研究声誉	研究资源	研究成果	研究成果影响力
美国新闻和世界报道（UIS）			论文发表、学术书籍、会议	全球研究声誉、地区研究声誉		论文发表、学术书籍、会议	标准引用影响、总被引频次、被引次数前 10% 的论文数量与占比、子领域中被引次数前 1% 的论文数量、所有论文中被引次数在前 1% 的论文占比
泰晤士高等教育（THE）	教学声誉调查	生师比		研究声誉调查	拥有博士学位的科研人员比例、科研生产力、生师比	研究成果收入、产业收入	引用量
QS	雇主声誉	生师比		学术声誉	生师比		师均引用率

续表

	人才培养			科学研究			
	教学声誉	人才培养资源	人才培养成果	研究声誉	研究资源	研究成果	研究成果影响力
上海软科（ARWU）		获诺贝尔奖和菲尔兹奖教师折合数、各学科领域被引用次数最高的科学家数量及其师均表现	获诺贝尔奖和菲尔兹奖校友折合数及其师均表现		获诺贝尔奖和菲尔兹奖教师折合数、各学科领域被引用次数最高的科学家数量及其师均表现	Nature 及Science 期刊发表论文数、科学引文索引（SCI）和社会科学引文索引（SSCI）收录论文数及其师均表现	

资料来源：浙江大学课题组整理。

（2）高等工程教育质量指标体系的合理性

质量指标体系以上述国际常用指标为依据，具体构建了八个指标，如表 4-14 所示。其中指标包含两个方面：主要指标，包括：①ESI 工程领域前 1% 学科机构数占比。②ESI 工程领域篇均被引频次。③PCT 专利数。④产业收入。⑤每百万居民中研发人员数。参考指标，包括：⑥教学声誉。⑦生师比。⑧工科博士毕业生占比。客观性或可获取性/可实现性稍差的指标被列为参考指标。

研究组对所选取的表征质量的指标进行了评估。第一，研究成果影响力方面，高质量论文的数量、占比和引用率仍然是衡量的主要指标。第二，研究成果方面，所发表的论文/书籍数量以及产业收入是主要的衡量指标。第三，在人才培养成果方面，论文仍然是评价人才培养成果的一个重要方面。而获诺贝尔奖和菲尔兹奖校友折合数由于具有极端性、个体性，本研究小组认为不宜作为反映一国普遍教育质量水平的指标。在人才培养资源方面，生师比是较为理想的指标。此外，人才培养资源方面也可考虑用 ESI 工程领域前 1% 学科机构数占比来衡量，这个指标衡量一个国家的工程领域排名前 1% 机构中有多少处于世界领先地位，是一个良好的质量指标。第四，研究资源方面，同样可以通过生师比指标来反映。拥有博士学位的科研人员比例能有效表征本方面，

表 4-14 高等工程教育质量指标体系

指标		测量
主要指标	ESI 工程领域前 1%学科机构数占比（%）	ESI 数据库中,在工程学、材料科学与计算机科学三个学科内,该国相关机构(主要是高等院校)被列入 TOP 1% 的机构个数占 TOP 1% 机构总数的比重,为客观指标
	ESI 工程领域篇均被引频次（次/篇）	ESI 数据库中,在工程学、材料科学与计算机科学三个学科内,该国家高等院校与研究院所等相关机构所发表论文的总引用频次与总篇数的比值,为客观指标
	PCT 专利数（项）	Web of Science 德温特专利库中该国 PCT 专利申请数
	产业收入（标准化总值）	2020 年泰晤士高等教育评估的世界前 1397 个高校中,该国高校从产业界获得的研究收入按购买力平价法和该校人员数进行标准化后的加总得分。该指标评价了该国若干世界领先高校的学业知识在社会实践中的转化程度
	每百万居民中研发人员数（人）	研发人员数(人)除以一个国家的居民人数(百万人),按照全时当量统计
参考指标	教学声誉	雇主、家长等利益相关者对高等工程教育所培养的人才的满意度水平,通过对雇主和家长等利益相关者进行大样本访谈调查来获得,为主观指标
	生师比	高等工程教育的在校生总数与专职教师和研究人员总数的比值,为客观指标。由于数据缺失,此指标用高等教育的在校生总数与专职教师和研究人员总数的比值代理
	工科博士毕业生占比	高等工程教育的工科博士毕业生人数与该年度整体博士毕业生人数的比值,为客观指标

资料来源:浙江大学课题组整理。

但在国家层面这个指标的数据难以获得,可考虑用每百万居民中研发人员数替代。第五,教学与研究声誉这一主观导向的、用户导向的指标不可或缺。

同时,在指标的设计与使用中,综合考虑了 USNews、THE、QS 和 ARWU 高等教育评估指标体系所体现出的高等教育质量评价价值观,且综合考虑了指标体系设计的基本原则。其中,主要指标以客观数据表征了高等工程教育人才培养资源(①ESI 工程领域前 1%学科机构数占比)、人才培养成果和研究资源(⑤每百万居民中研发人员数)、研究成果(③PCT 专利数和④产业收入)和研究成果影响力(②ESI 工程领域篇均被引频次),具有较好的客观性、可获得性和可比性。参考指标中,⑥教学声誉、⑧工科博士毕业生占比反映了人才培养的综合质量,⑦生师比反映了人才培养和科学研究的人力资源投入程度,也具有重要参考价值。但由于缺乏各国在工程这一具体领域的生师比和院校研究人员统计数据,这些指标的可获得性、可实现性较差,目前仅可用高等教育整体数据作为参考。因此,由于数据缺失,高等工程教育生师比指标用高等教育生师比代替、高等工程教育相关院校的研究人员数用高等院校专职研究人员数代替。以上缺陷为未来研究留下了空间。

(3)中、美、德、俄质量指标表现

本小节对高等工程教育质量指标体系中的客观指标进行国际比较,分析中国、美国、德国和俄罗斯在高等工程教育质量的客观指标中的历史表现。

① ESI 工程领域前 1%学科机构数占比。该指标是指 ESI 数据库中,在工程学、材料科学与计算机科学三个学科内,该国相关机构(主要是高等院校)被列入 TOP 1%的机构个数占 TOP 1%机构总数的比重,为客观指标。截至 2020 年 3 月 1 日,前 1%机构数共有 1696 个,其中美国有 292 个,中国有 251 个,德国 79 个,俄罗斯 11 个。截至 2020 年 3 月 13 日,前 1%机构数共有 1741 个,其中美国有 294 个,中国有 261 个,德国任为 79 个,俄罗斯有 12 个。各国占比如表 4-15 所示。

表 4-15　ESI 工程领域前 1%学科机构数占比

时间　　　　　国别	中国 (全球第二)	美国 (全球第一)	德国	俄罗斯
2010 年 3 月 1 日— 2020 年 3 月 1 日	14.8%	17.2%	4.6%	0.6%
2010 年 3 月 13 日— 2020 年 3 月 13 日	15.0%	16.9%	4.5%	0.7%

资料来源:基本科学指标(Essential Science Indicators,简称 ESI)数据库。

② ESI 工程领域篇均被引频次。该指标是指 ESI 数据库中,在工程学、材料科学与计算机科学三个学科内,该国家高等院校与研究院所等相关机构所发表论文的总引用频次与总篇数的比值,为客观指标。截至 2020 年 3 月 13 日,这三个领域内篇均被引频次最高的国家或地区为新加坡(21.15 次/篇),之后为瑞士、摩尔多瓦、中国香港、布基纳法索,紧随其后的是美国(排名第 6,为 16.46 次/篇),中国排名全球第 35(见表 4-16)。然而,瑞士、摩尔多瓦、中国香港、布基纳法索等国的发文总量及被引总次数与美国、中国相比均不在同一个数量级,因此不宜以这些国家为主要参考对象。相比之下,美国、英国(14.01 次/篇,全球排名第 12)、德国、加拿大(12.96 次/篇,全球排名第 19)、法国(12.05 次/篇,全球排名第 25)的情况更具参考意义,这些国家的发文总量及被引总次数与美国、中国在同一个数量级。

表 4-16 ESI 工程学科领域篇均被引频次(次/篇)

时间 \ 国别	中国	美国	德国	俄罗斯
2010 年 3 月 1 日—2020 年 3 月 1 日	11.21	15.99	13.29	4.7
2010 年 3 月 13 日—2020 年 3 月 13 日	11.56	16.46	13.64	4.84

资料来源:Essential Science Indicators(基本科学指标,简称 ESI)数据库。

③ PCT 专利数。指 Web of Science 德温特专利库中该国高等工程教育相关院校的 PCT 专利申请数。由于由高等工程教育相关院校发布的 PCT 专利的被引频次或其师均表现的数据无法获得,在本研究中只能将与专利相关的指标设计为该国的 PCT 专利申请数,也即其 PCT 专利的申请主体既包含高等工程教育相关院校,又包括非工程教育院校或企业等别的机构(见表 4-17)。这为未来的研究留下了空间,在未来的研究中,可进一步考虑使用"Web of Science 德温特专利库中该国高等工程教育相关院校的 PCT 专利申请数"作为替代。

表 4-17 PCT 专利数(项)

年份 \ 国别	中国	美国	德国	俄罗斯
2007	5995.7	50 040.7	18 740.4	849.9

续表

国别 年份	中国	美国	德国	俄罗斯
2008	6389.4	44 648.0	17 062.8	776.0
2009	10 175.4	42 885.1	17 286.9	838.9
2010	13 465.2	45 224.0	18 501.7	977.1
2011	17 289.4	49 272.7	18 606.4	1137.0
2012	19 077.5	52 531.6	17 946.1	1184.6
2013	22 557.5	58 945.1	17 632.5	1148.5
2014	25 900.4	53 806.3	17 849.2	1092.5
2015	33 161.5	53 590.5	18 077.6	990.9
2016	42 828.5	54 113.3	18 753.6	1126.6
2017	48 041.4	52 704.4	18 781.1	1107.6

资料来源：OECD 对 Web of Science 德温特专利库的统计。

④ 产业收入。产业收入指 2020 年泰晤士高等教育评估的世界前 1397 个高校中，该国高校从产业界获得的研究收入的标准化得分加总值。其中，标准化得分指某一高校的产业收入按购买力平价法和该校人员数进行标准化后的得分（见表 4-18）。该指标评价该国若干世界领先高校的学业知识在社会实践中的转化程度。

表 4-18　产业收入标准分

国别 年份	中国 （标准分）	美国 （标准分）	德国 （标准分）	俄罗斯 （标准分）
2010	381.6	1708.8		
2011	688.4	4065		
2012	595.8	3984.4		
2013	683.9	4067.6		
2014	794.8	4401.7		
2015	2485.8	6097		

续表

年份＼国别	中国（标准分）	美国（标准分）	德国（标准分）	俄罗斯（标准分）
2016	3263.7	6622.8		
2017	3886.5	6831.8		
2018	4319.5	7700.9		
2019	4895.1	7727.5		

资料来源：由泰晤士世界大学排名中各高校的产业收入(industry)标准化值加总而来。以2020年为例，该排名总计有1397个高校入围，将其中中国高校的产业收入标准化值加总即得到中国世界领先高校的产业收入值。其他国家和年份同理。

⑤ 每百万居民中研发人员数(人)。该指标是指国家拥有的研发人员数(人)除以一个国家的居民人数(百万人)，按照全时当量统计。一国所拥有的研发人员是其高等教育的产物，是高等教育所培养人才的一个重要方面，是从人才培养角度对高等教育质量的考量。历年具体数值如表4-19所示。

表4-19　中、美、德、俄每百万人中研发人员数(人)

年份＼国别	中国	美国	德国	俄罗斯	中等收入国家	高收入国家
2000	547.3	3475.7	3148.8	3459.1	483.1	3018.8
2010	741	3868.6	4077.8	3088.0	653.6	3734.2
2014	—	4232.0				4014.1
2015	797	—	4431.1	3131.1		

资料来源：中国科技统计年鉴。

⑥ 生师比。生师比指高等工程教育的在校生总数与专职教师和研究人员总数的比值，为客观指标。由于数据缺失，高等工程教育生师比指标用高等教育生师比代替，如表4-20所示。

表4-20　生师比(教师人数＝1)

年份＼国别	中国	美国	德国	俄罗斯
2009	17.27			

续表

国别 年份	中国	美国	德国	俄罗斯
2010	17.33			
2011	17.42			
2012	17.52			
2013	17.53	15.2	11.7	10.8
2014	17.68	14.6	11.8	10.9
2015	17.73	14.5	12.0	11.0
2016	17.07	14.2	12.1	10.9
2017	17.52	13.9	12.1	11.8
2018	17.56			

数据来源：中国数据来自中华人民共和国国家统计局，原始条目为中国普通高校生师比（教师人数＝1）。美国、德国和俄罗斯数据来自 OECD 官方网站（http://statis.oecd.org/index），原始条目为国家 ISCED11 框架下 5~8 级公立与私立教育机构生师比（教师人数＝1），仅有 13~17 年数据。

⑦ 工科博士毕业生占比。工科博士毕业生占比指高等工程教育的工科博士毕业生人数与该年度整体博士毕业生人数的比值，为客观指标。工科博士作为一国高等工程教育系统培养的顶尖人才，其占比与绝对数量更能有效地反映该国在工程顶尖人才培养的力度与同年度在国际社会顶尖人才博弈上的水平位置，如表 4-21 所示。

表 4-21 工科博士毕业生占比

年份	中国		美国	
	工科博士 毕业生人数	工科博士 毕业生占比（%）	工科博士 毕业生人数	工科博士 毕业生占比（%）
1987	192	41.38	3712	17.73
1988			4186	19.31
1989	884	43.21	4542	20.82
1990	974	39.64	4894	21.32
1991	1026	39.31	5213	22.16
1992	1080	42.72	5438	22.44

续表

年份	中国		美国	
	工科博士毕业生人数	工科博士毕业生占比(%)	工科博士毕业生人数	工科博士毕业生占比(%)
1993	1214	41.29	5698	23.36
1994	1495	40.16	5819	23.22
1995	1784	38.44	6008	23.88
1996	2164	39.85	6308	24.94
1997	2964	40.50	6114	24.51
1998	3427	38.26	5922	24.04
1999	4039	39.14	5330	22.74
2000	4611	41.90	5323	22.98
2001	5009	38.93	5511	24.19
2002	2166	14.80	5083	23.30
2003	6573	34.95	5281	23.73
2004	8054	34.35	5776	25.15
2005	9427	34.06	6427	27.08
2006	12 130	33.46	7186	28.72
2007	14 479	34.92	7749	29.57
2008	15 276	34.91	7864	29.93
2009	17 386	35.73	7643	29.03
2010	17 428	35.58	7548	29.57
2011	17 703	35.20	7985	30.49
2012	17 890	34.59	8427	30.77
2013	18 331	34.50	9721	14.95
2014	18 537	34.55	10 362	15.37
2015	18 729	34.83	10 625	15.42
2016	19 067	34.66	10 582	15.22
2017	20 492	35.31	10 796	15.20

资料来源:中国数据来自中华人民共和国国家统计局,美国数据来自美国教育部教育统计中心官方网站。

5. 国际比较的主要结论

本章以高等工程教育规模、结构和质量方面的多项指标为抓手，以联合国教科文组织（UNESCO）制定的 2011 年版《国际教育标准分类法》（ISCED-2011）为参考系，对比了美国、德国、俄罗斯及中国高等工程教育系统的规模、结构与质量水平，并得出以下主要结论。

第一，规模方面，我国在四个规模指标中均列首位，工科在校生数超 1070 万人，毕业生数超 280 万人，工科在校生占比达 38%，毕业生占比达 39%，是美国的 3 倍有余。但我国每万人中工科毕业生数仅有 20 人，低于俄罗斯水平（32 人），略高于德国与美国水平。我国拥有较大的高等教育学龄人口，高等教育毛入学率不断提高。我国在工业化进展中对工科的重视密不可分。考虑到我国在工业 4.0 时代仍然需要大批工科人才，建议我国继续提高工科毕业生数，并进一步提高每万人中工科毕业生浓度。

第二，层次结构方面，中国高等工程教育的层次结构呈"金字塔"形，而美国、俄罗斯则呈"纺锤"形。我国层次结构重心较低，且呈低端发展态势，而同样呈"金字塔"形的德国已开始在本科和硕士层次快速发展。类型结构方面，2009 年至今，我国专业型研究生毕业生占比已提高，硕士层次学术型与专业型占比从 93%∶7% 提高到 57%∶43%，博士层次从 87%∶2% 提高到 96%∶4%。首先，中国工科毕业生队伍呈"金字塔"形，且层次重心有所下降；美国呈"纺锤"形，层次重心不断提高，并在进一步"纺锤化"；德国呈"金字塔"形，层次重心不断提高，且表现出"去金字塔化"趋势；俄罗斯经历了从"金字塔"形到"纺锤"形的转变，层次重心不断提高。由此可见，中国中低端（本科及以下）工科毕业生比重很大，而美国中高端（本科及以上）工科毕业生比重大，体现了中、美两国对培养 ISCED 5 层级工科毕业生的不同战略观。其次，我国 ISCED 7、8 级工科毕业生占比均低于美国和德国，不利于创新驱动发展国家战略的实施与产业价值链的攀升。2016 年我国 ISCED 7、8 级工科毕业生占比分别为 1%、6%，而 2014 年美国这一数据就达到了 5%、24%，2012 年德国这一数据也达到了 2%、18%。可见，我国 ISCED 7、8 级工科毕业生占比确实偏低。再次，我国专业型硕士与博士的占比有所提高，更加符合中国国情。但即使如此，专业型博士的占比仍然偏低。

第三，质量方面，从中国、美国、德国和俄罗斯四个国家在高等工程教育质量主要指标及参考指标上的历史表现可知:发展至今,我国高等工程教育质量水平与美国尚有一定差距,指标 1、2、3、4 约为美国同期 60% ~ 90%,其中两项指标大致相当于美国 2011—2014 年水平,指标 5 远低于美国。与此同时,我国质量指标数据的增长率最快,质量水平的差距在缩小。

主要指标方面:①我国 ESI 工程领域前 1% 学科机构数占比 15.0%,仅次于美国(16.9%),在全球排名第二。②我国 ESI 工程领域的篇均被引频次在可比国家中排名第六,在全球排名第 35,低于美国、英国、德国、加拿大和法国,反映出我国在工程领域的学术成果的整体质量和影响力尚有提升的空间。③2017 年,我国获得的 PCT 专利数超 4.8 万项,大约为美国 2011 年水平,已紧逼美国同年水平(不到 5.3 万项),约为美国同年水平的 9 成。2007—2017 年,我国获得的 PCT 专利数从不到 6000 项/年快速提升至超 4.8 万项/年,平均年增长率高达 23.9%。同期美国获得的 PCT 专利数却并未有大幅增长,仅有小幅波动上升,平均年增长率仅 0.8%。按此增速发展,我国 PCT 专利数很可能在不久的将来超越美国,从而向创新型国家迈进重要一步。④2019 年,我国入围高校的产业收入标准化总值为 4895.1,大约为美国 2014 年水平,离美国同年水平(7727.5)还有一定差距。同时可以发现,我国入围高校的产业收入标准化总值的年均增长率依然高于美国,意味着我国的发展势头更为强劲,差距正在不断缩小。⑤每百万人中研发人员数(人)方面,尽管中国有所增长,但仍远远少于美国、德国和俄罗斯,略高于中等收入国家平均水平,但远低于高收入国家平均水平。⑥我国高等教育的整体生师比过高,高于美国、德国和俄罗斯水平,显示出我国高等教育体系中教师的人力资本投入相对不足,2018 年与 2009 年数据相比,这种情况甚至有些趋向恶化。⑦我国工科博士毕业生占比提升速度较快,占比的绝对比例高于美国,绝对人数高于美国,这显示我国高等工程教育顶尖人才培养已取得阶段性的成就,结合人口增长速度,我国工科博士毕业生占比未来增速会回落,所占整体博士毕业生的绝对比例会略微下降。

第五章 《中国工程教育 2035》目标及路线图

为实现在 2035 年建成高等工程教育强国的目标,需要明确我国高等工程教育在哪些方面需要发展至何种水平。本文第四章回答了高等工程教育发展目标的维度和指标体系构建,提出我国高等工程教育需要在规模、结构、质量、开放性、公平性和可持续性六方面得到综合改善,并就具体的衡量指标进行设计(见表 5-1)。

表 5-1   高等工程教育的多维度发展目标体系及其测量

项目	指标类	指标	测量
高等工程教育规模指标	绝对学生规模	指标 1: 工科在校生数(万人)	单个年度内,大专、学士、硕士和博士层次的工科在校生人数的总和
		指标 2: 工科毕业生数(万人)	单个年度内,大专、学士、硕士和博士层次的工科毕业生人数的总和
	相对学生规模	指标 3: 工科在校生数占比(%)	工科在校生总数在该年度高等院校在校生数总数中的比重
		指标 4: 工科毕业生数占比(%)	工科毕业生总数在该年度高等院校毕业生总数中的比重
		指标 5: 每万人中工科毕业生数(人)	工科毕业生数(人)除以一个国家的居民人数(万人)
高等工程教育结构指标		指标 6: 层次结构(%:%:%:%)	各个 ISCED 层级的工科毕业生人数占工科毕业生总数的比重
		指标 7: 研究生类型结构(%:%)	用高等教育的研究生毕业生中学术型与专业型研究生的比例代理

续表

项目	指标类	指标	测量
高等工程教育质量指标	主要指标	指标 8：ESI 工程领域前 1% 学科机构数占比（%）	ESI 数据库中，在工程学、材料科学与计算机科学三个学科内，该国相关机构（主要是高等院校）被列入 TOP 1% 的机构个数占 TOP 1% 机构总数的比重，为客观指标
		指标 9：ESI 工程领域论文篇均被引频次（次/篇）	ESI 数据库中，在工程学、材料科学与计算机科学三个学科内，该国家高等院校与研究院所等相关机构所发表论文的总引用频次与总篇数的比值，为客观指标
		指标 10：PCT 专利数（项）	Web of Science 德温特专利库中该国 PCT 专利申请数
		指标 11：产业收入（标准化总值）	2020 年泰晤士高等教育评估的世界前 1397 个高校中，该国高校从产业界获得的研究收入按购买力平价法和该校人员数进行标准化后的加总得分。该指标评价了该国若干世界领先高校的学业知识在社会实践中的转化程度
		指标 12：每百万居民中研发人员数（人）	研发人员数（人）除以一个国家的居民人数（百万人），按照全时当量统计
	参考指标	指标 13：教学声誉	雇主、家长等利益相关者对高等工程教育所培养的人才的满意度水平，通过对雇主和家长等利益相关者进行大样本访谈调查来获得，为主观指标
		指标 14：生师比（%）	高等工程教育的在校生总数与专职教师和研究人员总数的比值，为客观指标。由于数据缺失，此指标用高等教育的在校生总数与专职教师和研究人员总数的比值代理
		指标 15：工科博士毕业生占比（%）	高等工程教育的工科博士毕业生人数与该年度整体博士毕业生人数的比值，为客观指标

项目	指标类	指标	测量
高等工程教育 开放性指标		指标 16： 工程专业认证比(%)	我国已通过 ABET 国际认证的高等工程教育专业的数量与我国专业总数的比值
		指标 17： 国际互认度	三大工程教育项目的互认协议(《华盛顿协议》《悉尼协议》《都柏林协议》)和四大工程人才互认协定(《国际职业工程师协定》《国际工程技术员协定》《国际工程技师协定》《亚太工程师协议》)中,加入的协议的个数
高等工程教育 公平性指标		指标 18： 性别平衡度(%)	由于工程教育学科的男女在校人数数据不易获得,使用《中国教育统计年鉴》中的我国高等学校男女在校人数绝对数量来对高等工程教育公平指标予以衡量,通过本数据能够对工程教育的男女占比与性别差异等进行展示
		指标 19： 地区均衡度(%)	中西部省、市、自治区(河南省、山西省、湖北省、安徽省、湖南省、江西省、陕西省、四川省、云南省、贵州省、广西壮族自治区、甘肃省、青海省、宁夏回族自治区、西藏自治区、新疆维吾尔自治区、内蒙古自治区、重庆市)普通高等教育计划招生人数占全国计划招生总数的比重
高等工程教育 可持续指标		指标 20： 绿色工程教育理念	高等院校的产业政策与人才培养目标是否体现可持续发展理念与绿色工程理念,高等院校的战略规划与出台高教政策是否展现对可持续发展理念的理解、教师教学和学生互动过程中是否穿插工程伦理知识等

本章将延续和发展上一章的内容,采用国际比较、趋势外推、文献研究等方法,对我国到 2035 年在规模、结构、质量、开放性、公平性和可持续性维度的各个指标上应达到的发展目标做出设计并提供参考值。同时,将设计实现该目标的路线图,将目标分解到 2025 年、2030 年,从而对未来约 15 年的发展阶段做出良好的目标设计。

第一节 总体目标

根据前述基本发展理念和目标体系,建议我国工程教育发展的总体目标(2021—2035 年)为:

全面建立以规模稳定、结构合理、质量领先、开放合作、公平平等、持续发展为核心特征的工程教育体系,支撑国家创新驱动发展,为 2050 年建成世界工程教育强国奠定坚实基础。

2021—2025 年为强基示范期。以全面加强人才培养体系为重点,以人才培养模式综合改革带动学科体系、教学体系、教材体系、管理体系建设。深入实施工程教育领域"卓越拔尖 2.0"计划,深化工程硕士、工程博士培养模式改革,进一步推动产教融合、科教融合,夯实内涵发展基础。

2026—2035 年为全面跨越期。以全面提升质量保障能力为重点,以工程教育认证和工程师制度改革为抓手,深入实施认证体系,扩大国内工程教育认证覆盖面,加快工程师资格认证体系建设。加入工程教育和工程师资格互认的主要协议,在基础好的行业领域,创建中国主导的新协议,提高中国工程教育的国际话语权和影响力。

第二节 规模目标

1. 工科在校生数占比与工科毕业生数占比

2004—2016 年,我国工科在校生数占比与工科毕业生数占比均已达到世界领先水平,充分展现了我国在工业化时期对高等工程教育的重视。该段时期内,我国高等教育工科在校生占比的均值为 36.4%,我国高等教育工科毕业生占比的均值为 37.1%,远高于美国、德国和俄罗斯。预计未来,随着第三产业的发展和兴起,我国工科在校生占比将以每 5 年下降 1% 的速度略微下调,并在 2035 年开始保持在 33% 左右(见表 5-2)。从历史数据来看,工科毕业生占比往往与工科在校生数相等或高 1%,这主要是由于当年工科招生占比的减少在当年即能影响工科在校生数占比,而往往要在若干年后才能体现在工科毕业生数占比上,具有滞后性。因此,预计未来工科毕业生数占比会与工科在校生数持平或高约 1%。

表 5-2　工科在校生数占比与工科毕业生数占比目标　　　　　　　　%

项目	2016 年	2025 年	2030 年	2035 年
工科在校生数占比	37	35~36	34~35	33~34
工科毕业生数占比	37	34~35	33~34	32~33

资料来源:浙江大学课题组测算结果。

2. 工科在校生数

尽管鲜有人对高等工程教育在校生数的未来水平做出预测,但已有研究对未来我国高等教育在校生数做了预测。胡咏梅、唐一鹏基于我国 1995—2014 年近 20 年的经济增速与高等教育发展规模数据,用高等教育毛入学率、GDP 增速(当期及滞后一期)以及学杂费占高等教育经费总投入的比例,对高等教育在校生规模进行了回归,按照他们的测算,到 2020 年,我国高等教育在校生规模约为 4000 万人,到 2025 年,约为 5000 万人[1]。李硕豪、耿乐乐、富阳丽在对未来高等教育毛入学率和适龄人口进行预测的基础上,计算了未来高等教育在校生人数在 2020 年约为 3916 万人,到 2025 年约为 4977 万人,到 2030 年约为 6064 万人,到 2035 年约为 7306 万人[2]。王广州在预测了未来 18~24 岁人口数量后,假定我国从今至 2050 年的平均预期受教育年限变化情况,将人口的区间估计与受教育水平相叠加,预测了我国高等教育在校生人数均值在 2020 年为不到 4000 万人,到 2025 年、2030 年为 4000 万人左右,到 2035 年超过 4000 万人[3]。别敦荣、易梦春预测 2030 年我国高等教育在校生规模为

---

① 胡咏梅,唐一鹏. 我国"十四五"期间高等教育在校规模和财政投资规模预测[J]. 重庆高教研究,2019,7(1):10-22.

② 李硕豪,耿乐乐,富阳丽."全面二孩"政策下我国高等教育普及化进程[J]. 开放教育研究,2018,24(3):85-93.

③ 王广州. 中国高等教育年龄人口总量、结构及变动趋势[J]. 人口与经济,2017(6):79-89.

6538 万人①。

在以上研究基础上,获得 2020 年、2025 年、2030 年、2035 年我国高等教育在校生规模参考值表。按照上节对工科在校生数占比的预测,预计到 2025 年我国工科在校生规模将达 1540 万~1584 万人,到 2030 年将达 1700 万~1750 万人,到 2035 年将达 1815 万~1870 万人,如表 5-3 所示。

表 5-3 在校生规模参考值

项目	预测人	2020 年	2025 年	2030 年	2035 年
我国高等教育在校生规模预测(万人)	胡咏梅,唐一鹏(2019)	4000	5000		
	李硕豪,耿乐乐,富阳丽(2018)	3916	4977	6064	7306
	王广州(2017)	3000~4000	略小于4000	约 4000	4000~5000
我国高等教育在校生规模约值(万人)	—	3900	4400	5000	5500
工科在校生规模(万人)	—	—	1540~1584	1700~1750	1815~1870

资料来源:所列文献研究结果。

3. 工科毕业生数

本节尝试对工科毕业生总数进行预测。工科毕业生总数是指单个年度内,我国大专、学士、硕士和博士层次的工科毕业生人数的总和。具体来讲,包括专科中工科相关的专业大类、本科中工学专业类、工学硕士、工程硕士、工学博士和工程博士毕业生数量之和。

工科毕业生总数主要受三方面影响:一是高中阶段教育毕业生人数。高中阶段教育,为高等工程教育提供可选择的人才。这一数量从源头上约束着高等工程教育可提供的毕业生人数,是工科毕业生人数的基础条件。二是高等教育经费投入。近年来,高等教育经费投入总量一直在提高,经费总额的增加是高等教育和高等工程教育扩张和扩招的必要条件。三是国家经济发展

---

① 别敦荣,易梦春. 普及化趋势与世界高等教育发展格局——基于联合国教科文组织统计研究所相关数据的分析[J]. 教育研究,2018,39(4):135-143、149.

(尤其是第二、三产业发展)对工科毕业生提出的需求。产业发展尤其是第二、三产业发展对工科毕业生提出越来越大的需求,社会经济发展对工科毕业生数量起拉动作用。具体来讲,三次产业分类依据国家统计局 2018 年修订的《三次产业划分规定》。第一产业是指农、林、牧、渔业;第二产业是指采矿业,制造业,电力、热力、燃气及水生产和供应业,建筑业;第三产业即服务业,是指除第一产业、第二产业以外的其他行业。

因此,本研究选取高中阶段教育毕业生人数(x_1)、高等教育经费投入(x_2)、第二、三产业增加值(x_3)三个指标对工科毕业生总数(y)进行多元线性回归,并用回归方程预测未来我国可以达到的工科毕业生供给,回归方程为:$y = b_0 + b_1 x_1 + b_2 x_2 + b_3 x_3$。

(1) 数据来源与处理

工科毕业生总数(y)从 2000—2018 年《中国教育统计年鉴》及中华人民共和国教育部官方网站"教育统计数据"版块获得(http://www.moe.gov.cn/s78/A03/moe_560/jytjsj_2018/)。同期的高中阶段教育毕业生人数(x_1)从国家统计局官方网站和《中国教育年鉴》获得。同期的高等学校教育经费当期值(x_2)从国家统计局官方网站和《中国教育统计年鉴》获得,同期的第二、第三产业增加值(x_3)从国家统计局官方网站获得。具体处理方法见本书最后附录中的附表 5。

按照以上处理,2000—2016 年我国高中阶段教育毕业生人数、高等学校教育经费(以 2015 年为基期的不变价格,下同)及第二、第三产业增加值见表 5-4。

表 5-4　2000—2016 年关键变量数据

年份	工科毕业生总数（万人）（y）	高中阶段教育毕业生人数（万人）（x_1）	高等学校教育经费（亿元）（x_2）	第二、第三产业增加值（百亿元）（x_3）
2000	37.8654	801.0700	1393.9433	1196.405
2001	37.3822	793.0600	1756.5444	1324.137
2002	46.8519	787.6200	2247.1366	1477.123
2003	68.5443	823.0600	2627.8755	1666.038
2004	86.8222	919.9853	3047.5435	1876.194

续表

年份	工科 毕业生总数 （万人） （y）	高中阶段 教育毕业生 人数（万人） （x_1）	高等学校 教育经费 （亿元） （x_2）	第二、第三产业 增加值 （百亿元） （x_3）
2005	116.3927	1092.1702	3524.3474	2164.404
2006	143.6240	1218.5352	3994.7021	2526.779
2007	170.8751	1335.6902	4689.9962	2980.206
2008	196.5172	1426.0560	5116.8240	3329.159
2009	204.8942	1458.7074	5669.6183	3681.758
2010	224.9039	1468.7477	6459.6748	4229.072
2011	251.5107	1470.2827	7644.0589	4758.326
2012	259.0533	1478.0256	8505.0000	5122.666
2013	269.0535	1483.8197	8459.0000	5507.338
2014	277.2573	1434.9208	8815.0000	5879.368
2015	283.6121	1371.7336	9518.1780	6223.704
2016	284.8903	1330.6142	9911.7647	6635.108
2017	296.6395	1276.5032		1196.405
2018	302.7374	1270.1215		

＊资料来源:工科毕业生总数从 2000—2018 年《中国教育统计年鉴》及中华人民共和国教育部官方网站"教育统计数据"版块获得(http://www.moe.gov.cn/s78/A03/moe_560/jytjsj_2018/)。高中阶段教育毕业生人数和第二、三产业增加值从国家统计局官方网站获得。其中,三次产业分类依据国家统计局 2018 年修订的《三次产业划分规定》来划分,第一产业是指农、林、牧、渔业(不含农、林、牧、渔专业及辅助性活动);第二产业是指采矿业(不含开采专业及辅助性活动),制造业(不含金属制品、机械和设备修理业),电力、热力、燃气及水生产和供应业,建筑业;第三产业即服务业,是指除第一产业、第二产业以外的其他行业。

（2）多元线性回归分析

通过回归可知,回归方程为 $y = 0.125x_1 + 0.012x_2 + 0.014x_3 - 96.009$,$R^2 = 0.998$,方程整体和各项系数对应的 p 值均显著。具体回归分析过程见附图 10-18。

为预测未来因变量值,需先估算未来的自变量值。受人口因素影响,2005—2009 年,我国高中阶段教育毕业生人数虽然一直在增加,但增幅大幅减小。2005 年,我国高中阶段教育毕业生人数的增长率达到了 18.72%,而 2009 年,该值一路降至 2.29%。2010—2013 年增长率更小,在 0.10% ~ 0.69%。2014—2017 年,我国高中阶段教育毕业生人数形成负增长格局,其增长率为 -4.40% ~ -3.00%。本研究试按照 -0.5% 和 -0.2% 两档增长率预测未来高中阶段教育毕业生人数参考值。

高等学校教育经费方面,本研究试按照 1% 和 2% 两档增长率预测未来高等学校教育经费参考值。

第二、第三产业增长值方面,做如下思考。2018 年 12 月,经合组织(OECD)发布了全球经济展望报告,预测 2019 年与 2020 年全球整体的实际经济增长率均为 3.5%,低于 2018 年的估算值 3.7%。其中,对中国 GDP 增速预测值分别为:2019 年 6.3%、2020 年 6.0%。2019 年 1 月,国家统计局统计科学研究所宏观经济预测分析小组公布了 2019 年 GDP 增速预测值,见表 5-5。国家统计局的该预测值与经合组织相吻合。我国目前经济发展从追求速度渐渐向追求质量转移,且当 GDP 基数发展到一定基数时,再维持高增速往往较为困难,考虑到部分突发因素(如疫情)对经济的影响,预计未来我国 GDP 增速将进一步放缓。为此,本研究按照 3.0%、5.0% 两档增速预测第二产业及第三产业增加值,见表 5-6。

表 5-5　经合组织与国家统计局统计科学研究所的中国宏观经济指标预测结果

指标	2016 年	2017 年	2018 年	2019 年	2020 年
经合组织 GDP 增速预测值(%)	—	—	6.7(实际值)	6.3	6.0
国家统计局统计科学研究所 GDP 增速预测值(%)	6.7(实际值)	6.9(实际值)	6.7(实际值)	6.3	—

资料来源:经合组织(OECD)全球经济展望报告、国家统计局统计科学研究所研究结果。

表 5-6　高中阶段教育毕业生人数与高等学校教育经费参考值

自变量	2016 年	2025 年	2030 年	2035 年
高中阶段教育毕业生人数(万人)(以-0.5%变化率减少)	1330.6142	1226.328 532	1195.975 372	1166.373 49
高中阶段教育毕业生人数(万人)(以-0.2%变化率减少)	1330.6142	1252.446 134	1239.971 671	1227.621 454
高等学校教育经费(亿元)(以 1%变化率增长)	9911.7647	10 840.351 08	11 393.317 93	11 974.491 65
高等学校教育经费(亿元)(以 2%变化率增长)	9911.7647	11 845.476 33	13 078.363 03	14 439.569 55

续表

自变量	2016 年	2025 年	2030 年	2035 年
第二、第三产业增加值 （百亿元） （以 3% 变化率增长）	6635.108	8657.310 99	10 036.196 18	11 634.702 04
第二、第三产业增加值 （百亿元） （以 5% 变化率增长）	6635.108	10 293.230 26	13 137.059 99	16 766.587 46

（3）预测结果

通过回归方程运算，得到 2020 年、2025 年、2030 年和 2035 年的工科毕业生规模参考值。按以上测算，到 2035 年，我国工科毕业生供给总数为350 万~470 万人。

按照上文对未来我国工科在校生人数的测算除以 5 估算未来毕业生规模，结果与表 5-7 较为接近，在表 5-8 区间之内。因此，可认为估计结果具有参考性。

表 5-7　工科毕业生规模参考值

因变量	2018 年	2025 年	2030 年	2035 年	2035 年参考值
工科毕业生供给总数 （万人）（低增长率）	302.7	308	331	356	为 350 万~470 万人
工科毕业生供给总数 （万人）（高增长率）	302.7	347	400	465	

资料来源：浙江大学课题组测算。

表 5-8　工科毕业生规模预测的检验

项目	预测人	2020 年	2025 年	2030 年	2035 年
我国高等教育 在校生规模 预测（万人）	胡咏梅、唐一鹏（2019）	4000	5000		
	李硕豪、耿乐乐、 富阳丽（2018）	3916	4977	6064	7306
	王广州（2017）	3000~ 4000	略小于 4000	约 4000	4000~ 5000
我国高等教育 在校生规模 约值（万人）	—	3900	4400	5000	5500

续表

项目	预测人	2020 年	2025 年	2030 年	2035 年
工科在校生规模(万人)	—	—	1540~1584	1700~1750	1815~1870
工科毕业生规模(万人)(按工科在校生规模除以 5 估算)	—	—	308~316	340~350	363~374
按本节的多元线性回归方法估算			308~347	331~400	356~465

资料来源：所列文献研究结果。

4. 每万人中工科毕业生数

2015 年,我国每万人中工科毕业生数为 20 人,高于美国(12 人)和德国(18 人)的水平,略低于俄罗斯的水平(32 人)。有研究表明,从以往国家人口发展战略研究提出的总和生育率稳定在 1.8 左右的人口长期目标来看,并根据目前二孩生育情况和情景参数预测,中国总人口在达到 14.1 亿人左右的目标后,持续下降的趋势将是历史的必然①。

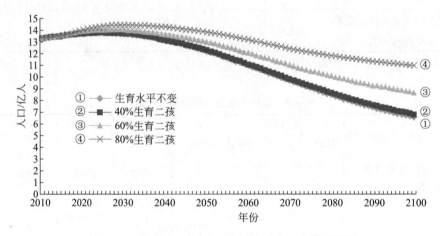

图 5-1　王广州(2018 年)对中国未来人口变化的预测

---

① 王广州. 中国人口预测方法及未来人口政策[J]. 财经智库,2018,3(3):112-138、144.

同时,有研究认为,二孩递进生育水平能够稳定在 50% 左右或更低的可能性更大一些,达到 60% 或 80% 的可能性不大[①]。因此,本研究参照王广州的预测,取 40% 生育二孩的次低水平为例,预计到 2025 年,我国人口总数将达到13.9 亿人,到 2030 年达到约 13.95 亿人,到 2035 年约降至 13.9 亿人(见图 5-1)。按照以上估算以及上文对工科毕业生人数的估算,我国每万人中工科毕业生数到 2025 年将提升到 27 人,到 2030 年提升到 31 人,到 2035 年提升到 35 人。

第三节　结构目标

1. 工科毕业生层次结构

(1) 国家产业结构特征与高等工程教育层次结构

中国工科毕业生队伍呈"金字塔"形,且层次重心有所下降;美国呈"纺锤"形,层次重心不断提高,并在进一步"纺锤"化;德国呈"金字塔"形,层次重心不断提高,且表现出"去金字塔化"趋势;俄罗斯经历了从"金字塔"形到"纺锤"形的转变,层次重心不断提高。四个国家在人才增量的层次结构上的战略布局与各国的产业结构有密切关系。以美国为例,美国的纺锤形的工科毕业生层次结构,取决于其去工业化、虚拟化、垄断核心零部件的产业结构特征。这种产业结构有取有舍、"舍末逐本"、舍小取大。其中"舍"体现在"去工业化",特别是低端制造业的国际产业转移,避实就虚,这决定了大专层次工科毕业生占比的大幅降低;"取"体现在牢牢把控核心零部件生产不放松,通过避实就虚节省资金,投入科技研发,进一步巩固技术霸主地位,这决定了其硕士、博士层次工科毕业生占比的增加。

反观中国,在过去,我国因拥有自然资源和劳动力资源的比较优势实现了快速发展,在发达国家的"去工业化"和产业转移的过程中,中国主要立足于具有劳动力密集型和资源密集型特点的第二产业,其中一般制造活动在工业相关活动(含一般制造、复杂制造和研发活动)中的占比高,解释了我国大专层次工科毕业生占比为何最高。国务院发展研究中心指出,在未来,我国产业的比

---

① 王广州. 中国高等教育年龄人口总量、结构及变动趋势[J]. 人口与经济,2017(6):79-89;张丽萍,王广州. 中国育龄人群二孩生育意愿与生育计划研究[J]. 人口与经济,2015(6):43-51;王军,王广州. 中国低生育水平下的生育意愿与生育行为差异研究[J]. 人口学刊,2016,38(2):5-17.

较优势已经由低成本一般制造,转化为低成本研发和低成本复杂制造的"双低优势"。其中,"智力密集程度"一般发展中国家做不到、"技能劳动密集程度"发达国家做不起的领域,是我国产业放手施展的广阔空间,是中国产业和企业跻身全球领先地位的亮点。这是分析国内外因素可以做出的一个重要判断,它在今后较长一段时间内将对所有产业和企业产生较大的影响。这意味着,我国未来的工业相关活动中一般制造将减少,而复杂制造和研发活动将增多。相应的,对劳动力知识、能力和技能水平的要求也会逐步提高。从 2014 年开始,我国大专层次工科毕业生占比有所减少,而本科层次工科毕业生占比有所增加,就是对这种变化趋势的反映和写照。

未来,我国产业结构的优化升级依赖自主创新这一核心要素,需建立市场导向型的产学研深度融合的技术创新体系,积极支持企业,尤其是中小企业的创新,不断提升我国经济在国际产品价值链中的参与度和附加值。这一切都需要更高学历层次人才的支撑。此外,随着我国产业结构的优化提升和劳动力用工成本的提升,未来我国承接的来自发达国家的低端制造业将可能减少,我国向其他发展中国家转移的低端制造业可能增多。由此可以预计,大专层次工科毕业生占比减少、本科及以上层次工科毕业生占比增加的趋势,将会在未来继续延续。

(2)层次结构设计

根据以上对全球产业分工和国际比较优势的分析,结合未来产业转型升级发展的需要,参考国际水平,本研究认为,我国毕业生层次结构需做两点调整。第一,我国应逐渐降低专科层次工科毕业生占比,在 2025 年实现专科占比大致等于本科占比,并在之后进一步减少专科占比。为了实现这一目的,我国应积极为专科层次工科毕业生向本科甚至硕士发展提供合适的渠道。第二,稳步提升我国硕士层级和博士层级工科毕业生占比,将更有利于创新驱动发展国家战略的实施与产业价值链的攀升。目前,我国硕士层次工科毕业生占比仅 6%,博士层次工科毕业生占比仅 1%,均低于美国(24%、5%)和德国(18%、2%)。未来,我国经济发展不仅依靠引进吸收再创新,还要依靠自主创新,在产业价值链中的位置希望从低附加值的生产制造攀升到高附加值的研究开发,这一切都需要高层次的工科毕业生提供智力支持。由此,建议稳步提高我国硕士、博士层次工科毕业生占比。为此,本研究得出对未来我国工科毕业生层次结构的总体设计,并按上节对未来工科毕业生规模的预测,得出在 GDP 增速由快转慢情况下未来我国工科毕业生的层次结构的设计,见表 5-9。

表 5-9 我国工科毕业生层次结构设计（万人）

年份 层级	2016 年		2020 年		2025 年		2030 年		2035 年	
	数量	占比	数量	占比	数量	占比	数量	占比	数量	占比
博士	1.91	1%	3.63	1.2%	4.62~ 5.21	1.5%	6.62~ 8	2%	8.75~ 11.75	2.5%
硕士	17.78	6%	21.19	7%	24.64~ 27.76	8%	29.79~ 36	9%	35~ 47	10%
本科	122.67	43%	133.19	44%	138.6~ 156.15	45%	148.95~ 180	45%	157.5~ 211.5	45%
专科	142.53	50%	144.69	47.8%	140.14~ 157.89	45.5%	145.64~ 176	44%	148.75~ 199.75	42.5%

资料来源：浙江大学课题组测算结果。

为达到表 5-9 所设计的阶段性目标，我国各层次工科毕业生的年增长量应如表 5-10 所示。

表 5-10 我国各层次工科毕业生的年增长量

层级	2020—2025 年	2025—2030 年	2030—2035 年
博士	每年增长 1980~ 3160 人	每年增长 4000~ 5580 人	每年增长 4260~ 7500 人
硕士	每年增长 6900~ 13 140 人	每年增长 10 300~ 16 480 人	每年增长 10 420~ 22 000 人
本科	每年增长 10 820~ 45 920 人	每年增长 20 700~ 47 700 人	每年增长 17 100~ 63 000 人
专科	每年增长 26 400 人	每年增长 11 000~ 36 220 人	每年增长 6220~ 47 500 人

资料来源：浙江大学课题组测算结果。

2. 工科研究生毕业生类型结构

由于缺少工科领域学术型研究生与专业型研究生的数量占比相关数据，本节参考高等教育研究生毕业生类型结构推测工科领域研究生毕业生的类型结构。未来，更适合我国国情的高等工程教育类型结构改革方向是：降低学术型硕士占比，提高直博通道宽度，为学术型博士提供直通式发展渠道。因此，本研究建议逐步降低学术型硕士占比，提高专业型硕士占比。同时，建议在博士层次也将专业型占比提高一些。为此，做出设计如表 5-11 所示。

表 5-11　工科研究生毕业生类型结构发展目标

项目	2016 年	2025 年	2030 年	2035 年
学术型博士：专业型博士	96%：4%	95%：5%	92%：8%	90%：10%
学术型硕士：专业型硕士	57%：43%	52%：48%	50%：50%	45%：55%

资料来源：浙江大学课题组测算结果。

3. 学科专业与产业的结构匹配性

随着我国战略性新兴产业的确立与发展，我国的高等教育学科结构也做出了适配性调整，许多新兴专业和学科进一步建设起来，旨在减少高等教育育人与产业用人的知识能力结构的差异，提高高等教育的学科设置与产业的匹配度。

2015 年，中国国家制造强国建设战略咨询委员会组织相关领域院士、专家，瞄准国家重大战略需求和未来产业发展制高点，研究制定了《〈中国制造2025〉重点领域技术创新绿皮书——技术路线图》。2017 年，新一版《〈中国制造2025〉重点领域技术创新绿皮书——技术路线图》公布，对 2015 年版进行了补充和修订。该技术路线图对中国未来发展的十大领域 23 个方向进行了整体规划。预计到 2025 年，大部分领域和优先发展方向如高档数控机床、机器人、航天装备、海洋工程装备和高技术船舶、节能汽车、新能源汽车等，将整体步入世界先进行列，处于世界第二、第三位置；集成电路及专用设备、民用航空装备两个产业与世界强国仍有一定的差距。按照该规划，我国未来关键技术方向如表 5-12 所示。

表 5-12　我国未来关键技术方向

重点领域	产业	发展目标
新一代信息技术产业	集成电路及专用设备 信息通信设备 操作系统与工业软件 智能制造核心信息设备	到 2020 年，集成电路产业与国际先进水平差距逐步缩小。 到 2030 年，集成电路产业链主要环节达到国际先进水平

重点领域	产业	发展目标
高档数控机床和机器人	高档数控机床与基础制造装备 机器人	到 2020 年,高档数控机床与基础制造装备国内市场占有率超过 70%
航空航天装备	飞机 航空发动机 航空机载设备与系统 航天装备	到 2025 年,民用飞机产业年营业收入超过 2000 亿元,通用飞机和直升机交付量占全球市场份额分别达到 40% 和 15%
海洋工程装备及高技术船舶	海洋工程装备及高技术船舶	到 2020 年,步入世界造船强国行列。 到 2025 年,成为具有一定影响力的海洋工程装备及高技术船舶制造强国
先进轨道交通装备	先进轨道交通装备	到 2020 年,轨道交通装备研发能力和主导产品达到全球先进水平,行业销售产值超过 6500 亿元,重点产品进入欧美发达国家市场。 到 2025 年,我国轨道交通装备制造业形成完善的、具有持续创新能力的创新体系,在主要领域推行智能制造模式、主要产品达到国际领先水平,主导国际标准修订,建立全球领先的现代化轨道交通装备产业体系,占据全球产业链的高端
节能与新能源汽车	节能汽车 新能源汽车 智能网联汽车	到 2020 年,形成以市场为推动、企业为主体、产、学、研、用紧密结合的节能汽车产业体系。 到 2025 年,形成自主可控完整的节能汽车产业链,自主产品市场份额达到 50%
电力装备	发电装备 输变电装备	到 2020 年,产业规模达到每年 1 亿 kW,满足我国能源结构调整和重大工程建设需求,技术水平总体达到国际先进水平,进入世界强国行列。 到 2025 年,形成 3 家具有资金、规模、技术、质量、品牌优势和核心竞争力的国际化企业集团,具备持续创新能力,大型火电、水电、核电等成套装备达到国际领先水平
农业装备	农业装备	到 2020 年,构建形成核心功能部件与整机试验检测开发和协同配套能力。 到 2025 年,大宗粮食和战略性经济作物生产全程机械品种齐全,农机装备信息收集、智能决策和精准作业能力显著提高

续表

重点领域	产业	发展目标
新材料	先进基础材料 关键战略材料 前沿新材料	到 2020 年,基础材料产业总体规模得到有效控制,产业结构调整初见成效,先进基础材料总体实现自给。 到 2025 年,产业结构调整显著,基础材料产品结构实现升级换代,国内市场占有率超过 90%
生物医药及 高性能医疗器械	生物医药 高性能医疗器械	到 2020 年,推动一大批企业实现药品质量标准和体系与国际接轨。 到 2025 年,基本实现药品质量标准和体系与国际接轨,推动我国医药国际化发展战略

资料来源:《〈中国制造 2025〉重点领域技术创新绿皮书——技术路线图》(2017)。

新时代,我国高等教育应对接国家和城市主导产业及新兴产业布局结构,整合高校存量资源,重点面向现代农业、先进制造业、现代服务业、战略性新兴产业,科学合理设置高等学校专业。我国应通过相关专业设置进而推动新兴学科专业特别是交叉性、复合性学科专业集群的发展,推动机器人及智能装备、高档数控机床、先进轨道交通以及新能源、新材料、新一代信息技术等战略性新兴产业急需的学科集群建设。有研究表明,我国在许多领域的研发水平指数仍然偏低(见图 5-2),在先进材料之外的其他领域,我国研发水平指数在 50 以上的表现较差。为此,急需在相关领域加强学科建设,强化学科实力,探索学科前沿。

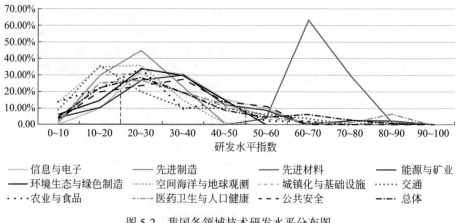

图 5-2 我国各领域技术研发水平分布图

为了满足制造业日益增长的人才需求,进一步增强人才培养和产业需求的契合度,提高制造业人才供给能力,应对中国制造 2025 年产业变化,自 2015 年以来,我国高校主动布局十大重点领域相关专业,注重专业设置前瞻性,积极设置前沿和紧缺学科专业,着力健全学科专业设置随产业发展动态调整机制,加快了学科专业和战略新兴产业的对接。《国家自然科学基金"十三五"发展规划》提出,"十三五"期间,在工程科学领域,重点支持领域包括化石能源高效开发与灾害防控理论、高效提取冶金及高性能材料制备加工过程科学、复杂机电系统集成设计、增材制造技术基础研究、机械表面/界面效应与控制、多种灾害作用下的高性能结构全寿命可靠性设计理论、绿色建筑设计理论与方法、变化环境下水资源高效利用与生态水利等。

截至 2016 年年底,战略性新兴产业相关新设工科本科专业达 22 种,累计布点 1401 个;高校设置的 IT 行业的电子信息类、自动化类和计算机类本科专业达 30 种,布点 5675 个。除辐射防护与核安全、环保设备工程、水声工程、建筑环境与能源应用工程、广播电视工程、数字媒体技术等专业与国家重点领域相关度不高,其他战略性新兴产业和 IT 行业相关专业都属于国家重点领域相关专业。表 5-13 数据表明,我国开设国家重点领域相关专业的院校较多,已经基本形成了完整的培养体系,国家重点领域的人才基本具备。

表 5-13 部分国家重点领域相关专业布点数汇总表

序号	国家重点领域	专业	布点数
1	新一代信息技术产业	电子信息工程	675
		通信工程	547
		电子科学与技术	226
		微电子科学与技术	94
		光电信息科学与工程	241
		信息工程	102
		电子封装技术	9
		集成电路设计与集成系统	30
		电子信息科学与技术	313
		计算机科学与技术	974
		软件工程	561

续表

序号	国家重点领域	专业	布点数
1	新一代信息技术产业	网络工程	417
		信息安全	98
		物联网工程	466
		智能科学与技术	31
		电子与计算机工程	3
		数据科学与大数据技术	3
		网络空间安全	2
		空间信息与数字技术	16
2	高档数控机床和机器人	机器人工程	1
		自动化	478
3	航空航天装备	飞行器控制与信息工程	2
		地理空间信息工程	1
4	海洋工程装备及高技术船舶	海洋工程与技术	5
		海洋资源开发技术	10
5	先进轨道交通装备	轨道交通信号与控制	87
6	节能与新能源汽车	新能源科学与工程	87
		能源化学工程	51
		资源循环科学与工程	31
7	新材料	新能源材料与器件	52
		功能材料	35
		纳米材料与技术	10
8	生物医药及高性能医疗器械	生物制药	70
		医学信息工程	32

资料来源:经整理吴爱华、侯永峰、杨秋波、郝杰的《加快发展和建设新工科 主动适应和引领新经济》一文中的有关数据而绘制此表。

自 2015 年以来,我国高校及时跟进制造业的发展状态,根据急需人才情况动态,积极增设十大重点领域相关专业。根据 2015 年度新增备案和审批本科专业的统计结果,我国共有 382 所高校新增 86 种十大重点领域相关专业(含备案和审批),其中数据科学与大数据技术、生物医学科学、机器人工程、能源化学、网络空间安全、地理空间信息工程、飞行器控制与信息工程、材料设计科学与工程等 9 个专业是部分高校新设专业,这些专业主要集中在新一代信息产业、生物医药及高性能医疗器械、航空航天装备、新材料四大领域,分布状况如图 5-3 所示。

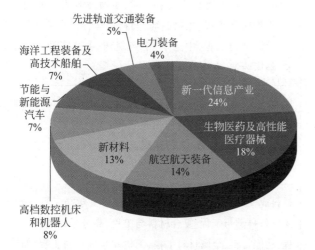

图 5-3 2015 年度我国高校新增专业板块分布图

资料来源:浙江大学课题组根据相关数据绘制。

2016 年度新增备案和审批本科专业的结果显示,我国共有 404 所高校新增 85 种十大重点领域相关专业(备案和审批),具体情况如表 5-14 所示,新增专业同样也主要集中在新一代信息产业、生物医药及高性能医疗器械、航空航天装备、新材料四大领域,见图 5-4。

表 5-14 2016 年度我国高校新增十大重点领域专业情况统计表

十大重点领域	专业种类数量/个	专业
新一代信息产业	20	电子封装技术、电子科学与技术、电子信息工程、电子与计算机工程、光电信息科学与工程、计算机科学与技术、集成电路及集成系统、数据科学与大数据技术、微电子科学与工程、信息工程、信息管理与信息系统、信息与计算科学、智能科学与技术、通信工程、网络工程、物联网工程、软件工程、网络空间安全、信息安全、空间信息与数字技术

续表

十大重点领域	专业种类数量/个	专业
生物医药及高性能医疗器械	16	化学生物学、生物工程、生物技术、生物科学、生物信息学、生物医学工程、生物制药、药物化学、药学、医学信息工程、制药工程、中药学、中药制药、中药资源与开发、临床药学、生物医学科学
航空航天装备	11	地理科学、地理空间信息工程、地理信息科学、飞行器动力工程、飞行器控制与信息工程、飞行器设计与工程、飞行器适航技术、飞行器制造工程、导航工程、空间科学与技术、遥感科学与技术
新材料	11	材料成型及控制工程、材料化学、材料科学与工程、粉体材料科学与工程、复合材料与工程、高分子材料与工程、功能材料、金属材料工程、无机非金属材料工程、新能源材料与器件、材料设计科学与工程
海洋工程装备及高技术船舶	7	海洋科学、海洋资源开发技术、海洋资源环境、港口航道与海岸工程、船舶与海洋工程、船舶电子电气工程、轮机工程
高档数控机床和机器人	7	过程装备与控制工程、机器人工程、机械工程、机械工艺技术、机械设计制造及其自动化、自动化、机械电子工程
节能与新能源汽车	6	车辆工程、能源化学、能源化学工程、能源与动力工程、能源与环境系统工程、新能源科学与工程
先进轨道交通装备	3	轨道交通信号与控制、交通工程、铁道工程
电力装备	2	电气工程及其自动化、电气工程与智能控制
农机装备	2	农业工程、设施农业科学与工程

资料来源：根据 2016 年度新增备案和审批本科专业的结果统计。

综上所述,2015年度、2016年度我国均有近400所高校新增近90种十大重点领域相关专业,主要集中在新一代信息产业、生物医药及高性能医疗器械、航空航天装备、新材料四大领域。

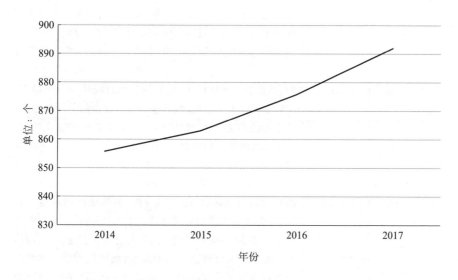

图5-4　我国"985"高校与十大重点领域相关的本科专业数量趋势图

资料来源:浙江大学课题组根据以上数据绘制。

经粗略统计,2014年39所"985"工程高校共有与十大重点领域有关的本科专业约856个,2015年约有863个,2016年约有876个,2017年约有892个,可见我国39所高校与制造业十大领域有关的本科专业数量整体上逐渐增多,且自2015—2017年的上升趋势较2014年更为明显,如图5-4所示。而《中国制造2025》出台的时间也正好是2015年,这在一定程度上说明高校的专业设置受到了中国制造带来的产业变化的影响,反映了我国学科专业设置与产业相关度的提高。

2020年,国家自然科学基金委公布了各大学部优先发展领域及主要研究方向。各学部优先发展领域共计134个,其中生命科学部、信息科学部、医学科学部的优先发展领域均为15个,化学科学部、地球科学部、工程与材料科学部的优先发展领域分别为13个、12个、18个,跨学部优先发展领域16个,如表5-15所示。

表 5-15   各学部优先发展领域

学部	优先发展领域数量/个	专业优先发展领域
生命科学部	15	生物大分子的修饰、相互作用与活性调控、细胞命运决定的分子机制、配子发生与胚胎发育的调控机理、免疫应答与效应的细胞分子机制、糖/脂代谢的稳态调控与功能机制、重要性状的遗传规律解析、神经环路的形成及功能调控、认知的心理过程和神经机制、物种演化的分子机制、生物多样性及其功能、农业生物遗传改良的分子基础、农业生物抗病虫机制、农林植物对非生物逆境的适应机制、农业动物健康养殖的基础、食品加工、保藏过程营养成分的变化和有害物质的产生及其机制
信息科学部	15	海洋目标信息获取、融合与应用、高性能探测成像与识别、异构融合无线网络理论与技术、新型高性能计算系统理论与技术、面向真实世界的智能感知与交互计算、网络空间安全的基础理论与关键技术、面向重大装备的智能化控制系统理论与技术、复杂环境下运动体的导航制导一体化控制技术、流程工业知识自动化系统理论与技术、微纳集成电路与新型混合集成技术、光电子器件与集成技术、高效信号辐射源与探测器件、超高分辨、高灵敏光学检测方法与技术、大数据的获取、计算理论与高效算法、大数据环境下人机物融合系统基础理论与应用
医学科学部	15	发育、炎症、代谢、微生态、微环境等共性病理新机制研究、基因多态、表观遗传与疾病的精准化研究、新发突发传染病的研究、肿瘤复杂分子网络、干细胞调控及其预测干预、心脑血管和代谢性疾病等慢病的研究与防控、免疫相关疾病机制及免疫治疗新策略、生殖发育老化相关疾病的前沿研究、基于现代脑科学的神经精神疾病研究、重大环境疾病的交叉科学研究、急救康复和再生医学前沿研究、个性化药物的新理论、新方法、新技术研究、中医理论的现代科学内涵及其对中药发掘的指导价值研究、个性化医疗关键技术与转化研究、多尺度多模态影像技术与疾病动物模型研究、智能化医学工程的创新诊疗技术研究

学部	优先发展领域数量/个	专业优先发展领域
化学科学部	13	化学精准合成、高效催化过程及其动态表征、化学反应与功能的表界面基础研究、复杂体系的理论与计算化学、化学精准测量与分子成像、分子选态与动力学控制、先进功能材料的分子基础、可持续的绿色化工过程、环境污染与健康危害中的化学追踪与控制、生命体系功能的分子调控、新能源化学体系的构建、聚集体与纳米化学、多级团簇结构与仿生
地球科学部	12	地球观测与信息提取的新理论、技术和方法、地球深部过程与动力学、地球环境演化与生命过程、矿产资源与化石能源形成机理、海洋过程及其资源、环境和气候效应、地表环境变化过程及其效应、土、水资源演变与可持续利用、地球关键带过程与功能、天气、气候与大气环境过程、变化及其机制、日地空间环境和空间天气、全球环境变化与地球圈层相互作用、人类活动对环境和灾害的影响
工程与材料科学部	18	亚稳金属材料的微结构与变形机理、高性能轻质金属材料的制备加工和性能调控、低维碳材料、新型无机功能材料、高分子材料加工的新原理和新方法、生物活性物质控释/递送系统载体材料、化石能源高效开发与灾害防控理论、高效提取冶金及高性能材料制备加工过程科学、机械表面界面行为与调控、增材制造技术基础、传热传质与先进热力系统、燃烧反应途径调控、新一代能源电力系统基础研究、高效能高品质电机系统基础科学问题、多种灾害作用下的结构全寿命整体可靠性设计理论、绿色建筑设计理论与方法、面向资源节约的绿色冶金过程工程科学、重大库坝和海洋平台全寿命周期性能演变

第四节 质量目标

1. ESI 工程领域前 1% 学科机构数占比

截至 2020 年 3 月 1 日,我国共拥有 ESI 工程领域前 1% 学科 251 个(占比

14.8%），仅次于美国（292 个，占比 17.2%），在全球排名第二。截至 2020 年 3 月 13 日，我国共拥有 ESI 工程领域前 1% 学科 261 个（占比 15.0%），仅次于美国（294 个，占比 16.9%），在全球排名仍为第二。由于 ESI 数据库每 2 个月在月中更新一次，因此两次数据的差值代表着：在 2 个月内，中国（大陆）ESI 工程领域前 1% 学科增加了 10 个，占比增加了 0.2%；美国则增加了 2 个，占比减少了 0.3%。ESI 工程领域前 1% 学科本身意味着具有高度竞争性，各国进入前 1% 学科的个数可能增加，但占比却总是此消彼长。因此，我们可以从占比的角度对 2035 年该指标的发展目标进行设计。

根据上述历史数据可知，我国的该占比从 14.8% 上升至 15.0%，美国则从 17.2% 下降至 16.9%，这反映出世界第二和第一的国家的占比在相互靠拢，差距逐渐缩小。如表 5-16 所示。

表 5-16　ESI 工程领域前 1% 学科机构数占比（%）

时间 ＼ 国别	中国（大陆）（全球第二）	美国（全球第一）	德国	俄罗斯
2010 年 3 月 1 日—2020 年 3 月 1 日	14.8	17.2	4.6	0.6
2010 年 3 月 13 日—2020 年 3 月 13 日	15.0	16.9	4.5	0.7
2035 年	16～17	—	—	—

资料来源：Essential Science Indicators（基本科学指标，简称 ESI）数据库。

到 2035 年，在工程教育强国建设目标下，中国与美国拥有的 ESI 工程领域前 1% 学科机构数的占比应将大致相等。也就是说，中美两国占比大致相等时，在这一指标上可称我国为工程教育强国。推测我国和美国的该占比应大致靠拢至现状的平均值水平，即约 16%。

2. ESI 工程领域篇均被引频次

截至 2020 年 3 月 13 日，我国 ESI 工程领域的篇均被引频次在可比国家（指发文总数与被引总频次与中国和美国在同一数量级的国家）中排名第 6，低于美国、英国、德国、加拿大和法国。具体来讲，美国的该指标为 16.46 次/篇，英国 14.01 次/篇,德国 13.64 次/篇,加拿大 12.96 次/篇,法国 12.05 次/篇,而我国的该指标为 11.56 次/篇,反映出我国在工程领域的学术成果的整体质量和影响力尚有提升的空间。

ESI 工程领域的篇均被引频次并非为竞争性指标,即各个国家的该篇均被引频次均可能上涨,不必然存在此消彼长的情况。对于这类指标,可考虑从排名来进行目标设计。到 2035 年,在工程教育强国建设目标下,中国 ESI 工程领域篇均被引频次位于可比国家前三时,在这一指标上可称我国为工程教育强国,参考值为 13~16 次/篇(见表 5-17)。

表 5-17 ESI 工程领域篇均被引频次

时间 \ 国别	中国(大陆)(全球排名第 35)	美国(全球排名第 6)	德国(全球排名第 15)	俄罗斯(全球排名第 15)
2010 年 3 月 1 日—2020 年 3 月 1 日	11.21	15.99	13.29	4.7
2010 年 3 月 13 日—2020 年 3 月 13 日	11.56	16.46	13.64	4.84
2035 年	位于可比国家 TOP 3,参考值为 13~16	—	—	—

资料来源:Essential Science Indicators(基本科学指标,简称 ESI)数据库。

3. PCT 专利数

2017 年,我国获得的 PCT 专利数超 4.8 万项/年,约为美国同年水平(不到 5.3 万项)的 9 成,约相当于美国 2011 年的水平。2007—2017 年,我国获得的 PCT 专利数快速增长,平均年增长率高达 23.9%,而美国的平均年增长率仅 0.8%。当发展到一定水平后,由于基数较大,PCT 专利数也许很难维持 20% 以上的超高增长率。在此,我们分别以 3% 和 5% 的年增长率对 2035 年 PCT 专利数进行计算。

从 2017 年开始,若我国 PCT 专利数以 3% 增长,到 2035 年我国 PCT 专利数将超 8 万项;若以 5% 增长,则到 2035 年将超 11 万项。也就是说,到 2035 年,我国 PCT 专利数参考值为 8~11 万项。如表 5-18 所示。

表 5-18　PCT 专利数（万项/年）

年份 ＼ 国别	中国	美国	德国	俄罗斯
2007	5995.7	50 040.7	18 740.4	849.9
2008	6389.4	44 648.0	17 062.8	776.0
2009	10 175.4	42 885.1	17 286.9	838.9
2010	13 465.2	45 224.0	18 501.7	977.1
2011	17 289.4	49 272.7	18 606.4	1137.0
2012	19 077.5	52 531.6	17 946.1	1184.6
2013	22 557.5	58 945.1	17 632.5	1148.5
2014	25 900.4	53 806.3	17 849.2	1092.5
2015	33 161.5	53 590.5	18 077.6	990.9
2016	42 828.5	54 113.3	18 753.6	1126.6
2017	48 041.4	52 704.4	18 781.1	1107.6
2035	参考值为 80 000~110 000	—	—	—

资料来源：OECD 对 Web of Science 德温特专利库的统计。

4. 产业收入

2019 年，我国入围高校的产业收入标准化总值为 4895.1，大约相当于美国 2014 年的水平，离美国同年水平（7727.5）还有一定差距。与 PCT 专利数相同，本节按 3%~5% 的增速估算未来该指标的参考值。

从 2019 年开始，若我国产业收入标准化总值以 3% 增长，到 2035 年，我国产业收入标准化总值将超 7800；若以 5% 增长，则到 2035 年将超 10 600。也就是说，到 2035 年，我国产业收入标准化总值的参考值为 7800~10 600。如表 5-19 所示。

表 5-19　产业收入标准化总值（标准分）

年份 ＼ 国别	中国	美国
2011	381.6	1708.8
2011	688.4	4065
2012	595.8	3984.4

年份 ＼ 国别	中国	美国
2013	683.9	4067.6
2014	794.8	4401.7
2015	2485.8	6097
2016	3263.7	6622.8
2017	3886.5	6831.8
2018	4319.5	7700.9
2019	4895.1	7727.5
2035	参考值为7800~10 600	—

资料来源：由泰晤士世界大学排名中各高校的产业收入(industry)标准化值加总而来。以2020年为例，该排名总计有1397个高校入围，将其中中国高校的产业收入标准化值加总即得到中国世界领先高校的产业收入值。其他年份同理。

5. 每百万居民中研发人员数

按照《国际统计年鉴》数据，2016年，我国每百万居民中研发人员数略高于中等收入国家平均水平，远低于包括美国、德国和俄罗斯在内的高收入国家平均水平。到2035年，计划我国每百万居民中研发人员数将约为2014年的高收入国家平均水平，达到4000~4500人。如表5-20所示。

表5-20 中、美、德、俄每百万人中研发人员数（人）

年份 ＼ 国别	中国	美国	德国	俄罗斯	中等收入国家	高收入国家
2000	547.3	3475.7	3148.8	3459.1	483.1	3018.8
2010	741	3868.6	4077.8	3088.0	653.6	3734.2
2014	—	4232.0	—	—	—	4014.1
2015	797	—	4431.1	3131.1	—	—
2035	参考值为4000~4500	—	—	—	—	—

资料来源：中国科技统计年鉴。

<h1 style="text-align:center">第五节　开放性目标</h1>

1. 工程专业认证比

1995 年 10 月，ABET 推出新的工程认证标准——《工程课程认证标准 2000》（Engineering Criteria 2000，简称 EC2000），本标准此后成为《华盛顿协议》沿用的标准，影响力较广。截至 2017 年 7 月 8 日，世界 30 个国家和地区有 752 所高等学校的 3709 个专业通过了 ABET 的国际认证。除 ABET 工程教育专业认证标准外，我国的部分高校也使用欧洲各国的工程教育专业认证标准对专业及中外合作项目进行认证。如表 5-21 所示。

表 5-21　工程教育专业认证标准对比

认证标准	关注内容	中国是否接受认证
美国 ABET 认证标准	学生学习成果和专业的持续改进	是（部分高校专业）
欧洲 EUR-ACE® 认证标准	学生技能	是（部分合作项目）
英国 ECUK 认证标准	学生技能	否
德国 ASIIN 认证标准	课程、考试等硬性设置	是（部分高校专业）
法国 CTI 认证标准	学生专业能力	是（部分合作项目）
中国 CEEAA 认证标准	学生专业能力	是

资料来源：浙江大学课题组整理。

2016 年 6 月，我国正式加入国际工程教育《华盛顿协议》组织，作为《华盛顿协议》正式成员，中国工程教育认证的结果已得到其他 18 个成员国（地区）认可。中国的工程教育认证主要采用 CEEAA 标准和《华盛顿协议》标准，以通过《华盛顿协议》标准的专业数量来表征国际工程教育专业认证。截至 2017 年年底，我国 198 所高校的 846 个工科专业通过专业认证，专业质量实现了国际实质等效。

中国高等工程教育在认证层面的目标主要有四个：一是通过认证来确保工程教育的质量并促进工程教育的改革；二是为中国建立专业的工程师认证与注册体系打下坚实的基础；三是加强工程教育领域与工业的联系；四是促进

中国与国际同行的交流以及工程教育的实质等效性。从我国工程教育专业通过国际工程教育认证比来看,2017 年至今,我国高等工程教育开放程度逐步扩大,已通过国际工程教育认证的专业数量上升迅速,通过认证的比例也不断上涨,但涨幅并不算高,整体的通过认证比处于较低的水平,接下来的 20 年内应当加大对工程教育国际认证的力度,增加通过国际工程教育认证的专业绝对数量,目前我国工程教育专业认证共已覆盖了 21 个专业类。如表 5-22 所示。

表 5-22 我国通过国际工程教育认证比

年份	我国通过国际工程教育认证专业个数	我国工科专业布点个数	通过认证比(%)
2017	846	18 117	4.67
2018	1170	18 117	6.46

资料来源:我国通过国际工程教育认证专业个数数据来自教育部高等教育教学评估中心(http://www.heec.edu.cn/modules/wenjianfabu_d.jsp?id=216067);我国工科专业布点个数数据来自教育部统计数据。

根据已有数据为 2035 年通过国际工程教育的认证比提供参考值:我国在 2035 年通过国际工程教育认证专业比可达到 28%~34%,2035 年能够实现所有工程专业大类全覆盖。标志着我国的工程教育专业认证体系已与国际公认的工程教育专业认证体系紧密结合,我国的工程教育将站在新的历史起点,为成为名副其实的制造强国和全球工程教育改革发展的引领者提供坚实的保障与支撑。

2. 国际互认度

区域性的工程教育互认体系有利于各国工程教育质量的持续提升和国际合作的加强。目前,影响力较大的工程教育互认体系主要为国际工程联盟(International Engineering Alliance,IEA)工程教育互认体系与欧洲工程认证联盟(European Network for Accreditation of Engineering Education,ENAEE)工程教育互认体系。其中,EUR-ACE® 认证体系主要覆盖欧洲地区,其优势在于"硕士-博士"层次的互认。而 IEA 的本科工程教育认证体系推广范围则更为广泛,覆盖全球六大洲。如表 5-23 所示。

我国的工程教育国际互认主要在 IEA 认证框架下进行,即按照工程师、工程技术员与工程技师三种类别来个性化、多层次开展人才培养。

表 5-23　区域性工程教育互认体系对比

	IEA 认证体系	EUR-ACE® 认证体系
主导组织	国际工程联盟(IEA)	欧洲工程认证联盟(ENAEE)
成员国覆盖	源于英美,各大洲推广	主要在欧洲范围内推广
互认的学位层次	"学士-硕士"两阶段学位	"学士-硕士-博士"三阶段学位
认证程序	由参与机构独立实施具有可比性的认证程序	参与机构在共享的标准和程序下授予通用质量标签
毕业生能力要求	对应"工程师""工程技术员"与"工程技师"的毕业生能力要求	由获得学分和达到的能力来界定毕业生能力要求,淡化"工程师""技术专家"分类
学习年限	明确要求每类学生学习年限	学习年限无严格规定,允许国家差异

资料来源:浙江大学课题组整理。

目前,为促进国际化交流,IEA 主要发布七大国际互认协议以针对三种人才培养类别来加以规定。一类为工程教育项目的互认协议,包括《华盛顿协议》(*The Washington Accord*)、《悉尼协议》(*The Sydney Accord*)、《都柏林协议》(*The Dublin Accord*),三项协议分别对应于工程师、工程技术员和工程技师的工程教育项目国际互认;一类为工程人才的互认协定,包括《国际职业工程师协定》(*The International Professional Engineers Agreement*)、《国际工程技术员协定》(*The International Engineering Technologist Agreement*)、《国际工程技师协定》(*The Agreement for International Engineering Technicians*),三个协定分别为工程师、工程技术员与工程技师提供国际互认。另外还发布《亚太工程师协议》(*Asia Pacific Engineer Agreement*),此协议主要适用于亚太经合组织各经济区的工程师资格互认工作开展。具体见表 5-24。

表 5-24　六大国际互认协议加入情况

协议名称	会员国与地区数量/个	中国是否为会员国
《华盛顿协议》	20	是
《悉尼协议》	11	否
《都柏林协议》	9	否
《国际职业工程师协定》	18	否
《国际工程技术员协定》	7	否

续表

协议名称	会员国与地区数量/个	中国是否为会员国
《国际工程技师协定》	6	否
《亚太工程师协议》	11	是

资料来源:七大国际互认协议会员国与地区数量数据来自国际工程联盟官方网站(https://www.ieagreements.org/)公布数据。

2013年,我国以预备成员的身份加入《华盛顿协议》,2016年转为正式成员。目前,我国仅加入了《华盛顿协议》。《悉尼协议》则与我国高等职业教育更为贴近,《都柏林协议》则偏向我国的高级专业教育,参与这些协议能有效地提升我国的本科层次工程教育的国际化水平。而参与到这些协议,我国工程教育不仅需要改变那种"重理论、轻实践""重文凭、轻能力"的用人机制,包括教师的聘用,也需要培养毕业生达到协议内要求的知识与能力要求。

从我国工程教育参与协议的情况来展开预测:

(1) 2025年,我国制造业将迈入制造强国的行列,基本实现工业化。我国将力争于此前加入《悉尼协议》和《都柏林协议》,在本科层次继续深化IEA框架下工程教育互认体系。

(2) 2030年我国制造业整体将达到世界制造强国阵营中等水平,我国将力争于此前加入《国际职业工程师协定》《国际工程技术员协定》与《国际工程技师协定》,至此我国高等工程教育开放达到较高水平,通过不断借鉴EUR-ACE® 认证体系,提升我国自主培养工程科技高层次人才的核心竞争力。

(3) 2035年,全面加入IEA七大国际互认协议,并力争由中国牵头在北京签署协议,建立以全球范围工程硕士为对象的研究生工程教育认证体系,即《北京协议》。

第六节 公平性目标

1. 性别平衡度

由于工程教育学科的男女在校人数数据不易获得,使用《中国教育统计年鉴》中的我国高等学校男女在校人数绝对数量来作为参考值,对高等工程教育公平指标予以表征,通过本数据能够对高等教育的男女占比与性别差异等进行展示。同时运用联合国教科文组织(UNESCO)提出的性别均等指数(GPI)辅以衡量,该指数的定义是女性指标的值除以男性指标的值。GPI 值介于0.97~1.03,表示对于给定的指标,性别间没有差异。GPI 值小于 0.97 表示女性与男性之间存在性别差异,而 GPI 值超过 1.03 则相反。

统计数据表明:我国高校女性本科生在校人数占比逐渐增长,女性本科生在校人数绝对数量增加量较大,但性别失衡的现象较为明显,由最初的男性本科生差异较大转变为女性本科生性别差异较大,而随着工程教育体系的完善和工程学科招生人数的扩大,在工程教育学科内本数据仍值得参考。如表 5-25和图 5-5 所示。

表 5-25 我国女性本科生在校人数占比

年份	我国本科生在校人数	女性本科生在校人数	男性本科生在校人数	我国高校女性本科生在校人数性别比(%)	本科性别均等指数(GPI)
2009	11 798 511	5 767 869	6 030 642	48.89	0.96
2010	12 656 132	6 286 980	6 369 152	49.68	0.99
2011	13 496 577	6 802 683	6 693 894	50.40	1.01
2012	14 270 888	7 281 963	6 988 925	51.03	1.04
2013	14 944 353	7 738 044	7 206 309	51.78	1.07
2014	15 410 653	8 084 728	7 325 925	52.46	1.10
2015	15 766 848	8 369 671	7 397 177	53.08	1.13
2016	16 129 535	8 619 566	7 509 969	53.44	1.15
2017	16 486 320	8 859 530	7 626 790	53.74	1.16

资料来源:我国本科生在校人数、女性本科生在校人数、男性本科生在校人数数据均来源于《中国教育统计年鉴》(2009—2017 年)。

从我国在校人数的女性性别占比(%)的分表——我国女性研究生在校人数占比可以发现:我国高校女性研究生在校人数占比增长后有所回落,女性研究生在校人数绝对数量逐年增长,性别差异逐渐缩小,由男性研究生差异较大走向性别均等化,在工程教育学科中本数据值得参考。如表 5-26 和图 5-6所示。

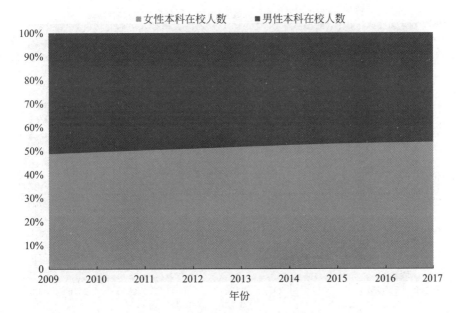

图 5-5 我国本科生在校人数性别占比

资料来源:我国本科生在校人数、女性本科生在校人数、男性本科生

在校人数数据均来源于《中国教育统计年鉴》(2009—2017 年)。

表 5-26 我国女性研究生在校人数占比

年份	我国研究生 在校人数	女性研究生 在校人数	男性研究生 在校人数	女性研究生 在校人数占 研究生在校 人数的比值(%)	研究生 性别均等 指数(GPI)
2009	1 404 942	660 873	744 069	47.04	0.89
2010	1 538 416	736 230	802 186	47.86	0.92
2011	1 645 845	797 500	848 345	48.46	0.94
2012	1 719 818	842 417	877 401	48.98	0.96
2013	1 793 953	878 484	915 469	48.97	0.96
2014	1 847 689	908 287	939 402	49.16	0.97
2015	1 911 406	950 163	961 243	49.71	0.99
2016	1 981 051	1 003 110	977 941	50.64	1.03
2017	2 639 561	1 278 134	1 361 427	48.42	0.94

资料来源:我国研究生在校人数、女性研究生在校人数、男性研究生在校人数数据均来源于《中国
教育统计年鉴》(2009—2017 年)。

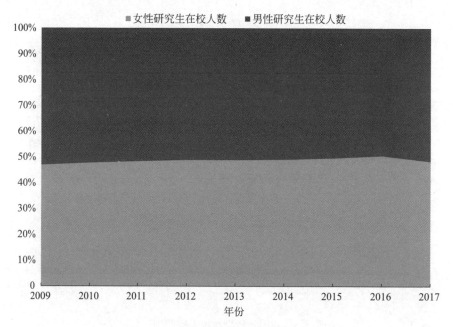

图 5-6　我国研究生在校人数性别占比

资料来源：我国研究生在校人数、女性研究生在校人数、男性研究生

在校人数数据均来源于《中国教育统计年鉴》（2009—2017 年）。

2. 地区均衡度

由于我国幅员辽阔，为衡量我国高等工程教育的地域水平差异与机会公平，本研究选用地区均衡度指标衡量中西部教育弱势地区的公平性问题。由于各省高等教育与工程教育的整体统计数据不足，于是使用《全国普通高等教育招生计划》的地方所属普通高等教育招生计划数据。

在我国，中西部省份具体划分为中部六省和西部十二省、市、自治区。中部六省包括河南省、山西省、湖北省、安徽省、湖南省、江西省；西部地区包括陕西省、四川省、云南省、贵州省、广西壮族自治区、甘肃省、青海省、宁夏回族自治区、西藏自治区、新疆维吾尔自治区、内蒙古自治区、重庆市。

从中西部高等院校招生人数及占比可以发现：我国中西部高等院校的招生人数的绝对数量逐年上升，其中中部六省高等院校的招生人数持续高于西部十二省、市、自治区，招生人数比从 50% 开始一直缓慢上涨。到 2035 年，我国中西部高等院校在校人数占比预计将达到 51% ～ 53%，为中西部建设制造企业、科技创新产业提供高水平人才支撑。如表 5-27 所示。

表 5-27 我国中西部高等院校招生人数

年份	中部高等院校招生人数(人)	西部高等院校招生人数(人)	全国高等院校招生人数(人)	中西部高等院校招生人数比(%)
2014	844 800	762 250	3 168 150	50.73
2015	850 500	774 950	3 201 450	50.77
2016	864 000	789 000	3 253 900	50.80
2017	899 340	847 370	3 282 190	53.22

资料来源:中部及西部高等院校招生人数、全国高等院校招生人数数据均来自《全国普通高等教育招生计划》(2014—2017 年)。

第七节 可持续性目标

目前,我国绿色工程教育理念逐步得到贯彻,以"双一流"高校为代表的高等院校在课程体系中纷纷融入"自然辩证法""工程伦理"等课程,以清华大学、浙江大学、北京航空航天大学为代表的高校在高校的战略规划中写入了可持续发展的理念,教师在教学过程中增加了对学生的可持续发展理念培育环节。

2035 年,行业企业将深度参与学生培养过程,各高等院校预计将绿色工程发展理念写入工程人才培养的通用标准和行业标准内,将可持续发展的理念渗透到教与学的所有方面,推动工程教育中知识、价值、态度向可持续发展社会目标的转变。

第八节 工程教育 2035 预期目标与实施路线图

工程教育 2035 规模目标。本研究利用已有文献,获得 2020 年、2025 年、2030 年、2035 年我国高等教育在校生规模参考值。预计未来,随着第三产业的发展和兴起,我国工科在校生占比将以每 5 年下降 1% 的速度略微下调,并在 2035 年开始保持在 33% 左右。故此,预计到 2025 年将有工科毕业生

308 万~347 万人,到 2030 年将有 331 万~400 万人,到 2035 年将有 350 万~
470 万人。本研究参照王广州(2018)等的预测,取 40% 生育二孩的次低水平
为例(该水平的二孩生育率发生的概率较大),预计到 2025 年,我国人口总数
将达到 13.9 亿人,到 2030 年达到约 13.95 亿人,到 2035 年约降至 13.9 亿人。
按照以上估算以及上文对工科毕业生人数的估算,我国每万人中工科毕业生
数到 2025 年将提升到 27 人,到 2030 年提升到 31 人,到 2035 年提升到 35 人。
如表 5-28 所示。

表 5-28　工程教育 2035 规模目标参考值与实施路线图

指标类	指标	路线图			
		2015 年	2025 年	2030 年	2035 年
绝对学生规模	工科在校生数(万人)	1073	1540~1584	1700~1750	1815~1870
	工科毕业生数(万人)	284	308~347	331~400	350~470
相对学生规模	工科在校生数占比(%)	37	35~36	34~35	33~34
	工科毕业生占比(%)	37	34~35	33~34	32~33
	每万人中工科毕业生数(人)	20	27	31	35

工程教育 2035 结构目标。研究发现,国家在人才增量的层次结构上的战
略布局与各国的产业结构有密切关系。在未来,我国需建立市场导向型的产
学研深度融合的技术创新体系,这需要更高学历层次人才的支撑,同时我国向
其他发展中国家转移的低端制造业可能增多。因此,在层次结构上将做两点
调整。第一,我国应逐渐降低专科层次工科毕业生占比,在 2025 年实现专科
占比大致等于本科占比,并在之后进一步减少专科占比。为了实现这一目标,
我国应积极为专科层次工科毕业生向本科甚至硕士发展提供合适的渠道。
第二,稳步提升我国硕士层级和博士层级工科毕业生占比,这将更有利于创新
驱动发展国家战略的实施与产业价值链的攀升。我国硕士层次工科毕业生占
比仅 6%,博士层次工科毕业生占比仅 1%,均低于美国(24%、5%)和德国
(18%、2%)。此外,在类型结构方面,近年来,我国专业型硕士、博士的占比均
有不同程度的提高,显示出我国对工程教育的本质和应承担的任务有了更加
深刻的认识,意味着工程教育将进一步向实践性、专业性发展。因此,未来更
适合我国国情的高等工程教育类型结构改革方向是:降低学术型硕士占比,提
高直博通道宽度,为学术型博士提供直通式发展渠道。因此,本研究建议,逐

步降低学术型硕士占比,提高专业型硕士占比,增加与企业合作的联合培养的工程硕士与工程博士的比例。为此,做出设计如表 5-29 所示。

表 5-29 工程教育 2035 结构目标参考值与实施路线图

指标	路线图			
	2016 年	2025 年	2030 年	2035 年
各层级工科毕业生占比				
博士	1%	1.5%	2%	2.5%
硕士	6%	8%	9%	10%
学士	43%	45%	45%	45%
大专	50%	45.5%	44%	42.5%
ISCED 7、8 层级工科研究生毕业生类型结构	学术型博士：专业型博士 94%：6%	学术型博士：专业型博士 93%：7%	学术型博士：专业型博士 90%：10%	学术型博士：专业型博士 88%：12%
	学术型硕士：专业型硕士 57%：43%	学术型硕士：专业型硕士 52%：48%	学术型硕士：专业型硕士 50%：50%	学术型硕士：专业型硕士 45%：55%

工程教育 2035 质量目标。第一,在 ESI 工程领域前 1% 学科机构数占比方面。我国的该占比从 14.8% 上升至 15.0%,美国则从 17.2% 下降至 16.9%,到 2035 年,在工程教育强国建设目标下,中国拥有的 ESI 工程领域前 1% 学科机构数的占比应提高至 16%～17%,稳居世界第一水平。第二,在 ESI 工程领域篇均被引频次方面。截至 2020 年 3 月 13 日,我国 ESI 工程领域的篇均被引频次在可比国家(指发文总数与被引总频次与中国和美国在同一数量级的国家)中排名第六,为 11.56 次/篇。到 2035 年,在工程教育强国建设目标下,中国 ESI 工程领域的篇均被引频次位于可比国家前三时,该指标参考值为 13～16 次/篇。第三,在 PCT 专利数方面。2017 年,我国获得的 PCT 专利数超 4.8 万项/年,约为美国同年水平(不到 5.3 万项)的 9 成,约相当于美国 2011 年的水平,从 2017 年开始,若我国 PCT 专利数以 3% 增长,到 2035 年我国 PCT 专利数将超 8 万项;若以 5% 增长,则到 2035 年将超 11 万项。也就是说,到 2035 年,我国 PCT 专利数参考值为 8 万～11 万项。第四,在产业收入方面,2019 年,我国入围高校的产业收入标准化总值为 4895.1,大约为美国 2014 年水平,离美国同年水平(7727.5)还有一定差距。若按 3%～5% 的增速估算未来指标的参考值,到 2035 年,我国入围高校产业收入标准化总值的参考值为

7800～10 600。第五，在每百万居民中研发人员数方面，2016 年，我国每百万居民中研发人员数略高于中等收入国家平均水平，远低于高收入国家平均水平，同时远低于美国、德国和俄罗斯。到 2035 年，计划我国每百万居民中研发人员数将约为 2014 年的高收入国家平均水平，参考值为 4000～4500 人。如表 5-30 所示。

表 5-30　工程教育 2035 质量目标参考值与实施路线图

指标	路线图			
	2019 年	2025 年	2030 年	2035 年
ESI 工程领域前 1% 学科机构数占比(%)	15.0	—		16～17
ESI 工程领域篇均被引频次(次/篇)	11.56	—		13～16
PCT 专利数(万项)	48 041.4	—		8～11
产业收入(标准化总值)	4895.1	—		7800～10 600
每百万人中研发人员数(人)	797(参考值)	—		4000～4500

工程教育 2035 开放性目标。工程专业认证比为定量指标，通过对中国成为《华盛顿协议》会员国成员后两年的工科专业通过国际工程教育认证比率进行计算，得出认证比的增长率，并将中国在 2018—2035 年间的政策目标与工程教育预期发展纳入考虑，选取 2025 年、2030 年、2035 年三个时间节点预测出认证比的预期范围值。经推算，到 2025 年，我国工程专业认证比参考值将为 17%～22%，这与我国"卓越工程师教育培养计划"提出的时间节点相符；2030 年，我国工程专业认证比参考值将为 27%～33%，预计将实现《中国制造 2025》中由制造业大国向世界领先的制造业强国转变的目标，同时工程教育专业将进一步深度融合信息化与工业化；2035 年，我国工程专业认证比参考值拟达到 38%～43%。如表 5-31 所示。

国际互认度为定性指标，2016 年我国已加入《华盛顿协议》，故同样选取 2025 年、2030 年、2035 年三个时间节点预测加入其他国际协议的时间。经综合我国现阶段的工程教育水平与其他国际协议的申请要求，预计 2025 年我国将加入《悉尼协议》和《都柏林协议》，在本科层次继续深化 IEA 框架下工程教育互认体系；2030 年，加入《国际职业工程师协定》《国际工程技术员协定》与《国际工程技师协定》；2035 年全面加入 IEA 体系下七大协议，并力争牵头高水平工程硕士的国际认证协议《北京协议》的签署及推进工作。

表 5-31 工程教育 2035 开放性目标参考值与实施路线图

指标	路线图			
	2018 年	2025 年	2030 年	2035 年
工程专业认证比(%)	6.46	17~22	27~33	38~43
国际互认度	已加入《华盛顿协议》	加入《悉尼协议》和《都柏林协议》,在本科层次继续深化 IEA 框架下工程教育互认体系	加入《国际职业工程师协定》《国际工程技术员协定》与《国际工程技师协定》,不断地借鉴 EUR-ACE® 认证体系	全面加入 IEA 体系下七大协议,牵头签署工程硕士国际教育认证体系,即"北京协议"

工程教育 2035 公平性目标。地区均衡度为定量指标,通过对我国中西部高等院校工科招生人数占全国高等院校招生总人数的比值进行计算,得出近五年来我国中西部高等院校工科招生人数占比,并以此为基础对缺失的我国中西部高等院校工程教育专业招生人数占比提供参考值,同样选取 2025 年、2030 年、2035 年三个时间节点预测我国的地区均衡度:2025 年,我国中西部高等院校工程教育专业招生人数占比的参考值为 45%~47%;2030 年,我国中西部高等院校工程教育专业招生人数占比的参考值为 48%~51%;2035 年,我国中西部高等院校工程教育专业招生人数占比参考值 51%~53%。如表 5-32 所示。

表 5-32 工程教育 2035 公平性目标参考值与实施路线图

指标	路线图			
	2017 年	2025 年	2030 年	2035 年
中西部高等院校本科生在校人数比(%)	53.22(高等教育参考值)	45~47	48~51	51~53

工程教育 2035 可持续性目标。绿色工程教育理念为定性指标,2018 年我国"双一流"高校中已有相当数量的高校开设了与工程伦理相关的课程,并从产业目标与人才培养计划着手,着力打造绿色可持续理念。故选取 2025 年、2030 年、2035 年三个时间节点预测绿色工程教育理念在我国的贯彻情况:2025 年,绿色工程教育和工程伦理的课程体系逐步规范;2030 年,我国培养造就出一大批坚持可持续发展理念的高质量工程技术人才;2035 年,将可持续发展理念写入工程人才

培养的通用标准和行业标准内，将可持续发展的理念渗透到教与学的所有方面，推动工程教育中知识、价值、态度向可持续发展社会目标的转变。如表 5-33 所示。

表 5-33　工程教育 2035 可持续性目标参考值与实施路线图

指标	路线图			
	2018 年	2025 年	2030 年	2035 年
绿色工程教育理念	"双一流"高校中已有相当数量的高校开设了与工程伦理相关的课程	绿色工程教育和工程伦理的课程体系逐步规范	培养和造就一大批创认可可持续发展理念的高质量工程技术人才	将可持续发展理念写入工程人才培养的通用标准和行业标准内，将可持续发展的理念渗透到教与学的所有方面，推动工程教育中知识、价值、情感态度向可持续发展社会目标的转变

总体而言，今后一个时期是我国深化高等工程教育改革发展、培养创新型工程科技人才的重大战略机遇期。到 2035 年，我国力求实现建成高等工程教育强国的目标，从而为国家经济转型和社会发展提供强有力的人才保障、智力支持和创新支撑。这要求我们的高等工程教育在规模、结构、质量，开放性、公平性、可持续性等多个维度进行综合改革与提升。如表 5-34 所示。

表 5-34　工程教育 2035 预期发展指标与参考值

项目	指标类	指标	参考值
高等工程教育规模指标	绝对学生规模	指标 1：工科在校生数(万人)	约 1810
		指标 2：工科毕业生数(万人)	350~470
	相对学生规模	指标 3：工科在校生数占比(%)	33~34
		指标 4：工科毕业生数占比(%)	32~33
		指标 5：每万人中工科毕业生数(人)	35

续表

项目	指标类	指标	参考值
高等工程教育结构指标		指标 6： 层次结构 （%：%：%：%）	博士：硕士：学士：大专 2.5：10：45：42.5
		指标 7： 研究生类型结构(%：%)	学术型博士：专业型博士 88：12 学术型硕士：专业型硕士 45：55
高等工程教育质量指标		指标 8： ESI 工程领域前 1%学科 机构数占比(%)	16~17
		指标 9： ESI 工程领域篇 均被引频次(篇/次)	13~16
		指标 10： PCT 专利数(万项)	8~11
		指标 11： 产业收入(标准化总值)	7800~10 600
		指标 12： 每百万人中研发人员数 （人）	4000~4500
高等工程教育开放性指标		指标 13： 工程专业认证比(%)	38~43
		指标 14： 国际互认度	全面加入七大国际互认协议，深入借鉴 EUR-ACE® 认证体系，并牵头签署工程硕士国际教育认证的《北京协议》
高等工程教育公平性指标		指标 15： 地区均衡度(%)	中西部高等院校本科生在校人数比达到 51~53
高等工程教育可持续指标		指标 16： 绿色工程教育理念	将可持续发展理念写入工程人才培养的通用标准和行业标准内，将可持续发展的理念渗透到教与学的所有方面，推动工程教育中知识、价值、态度向可持续发展社会目标的转变

在规模方面,保持世界第一水平。到 2035 年,工科在校生数预计扩大至 1810 余万人,工科毕业生数增加约 490 万人,每万人中工科毕业生数增加至 35 人;工科在校生数占比及工科毕业生占比缓慢降低,并分别维持在约 33% 和 33%~34% 水平上。

在结构方面,实现高层次发展,提高专业型研究生占比。到 2035 年,逐渐将专科层次工科毕业生占比降低至 42.5% 左右,保持学士层次工科毕业生占比在 45% 水平,将硕、博士层次工科毕业生占比逐步提高至 10% 和 2.5%。为了实现这一目标,我国应积极为专科层次工科毕业生向本科甚至硕士发展提供合适的渠道。在类型结构方面,将专业型硕士占比提高至 55%,将专业型博士占比提高至 12%。

在质量方面,实现五个提升。到 2035 年,将 ESI 工程领域前 1% 学科机构数占比提升至 16%~17%,即我国和美国的占比大致靠拢至现状平均值水平。在 ESI 工程领域篇均被引频次方面,我国 ESI 工程领域的篇均被引频次位于可比国家前三,该指标值达到 13~16 次/篇。在 PCT 专利数方面,我国 PCT 专利数有望达到约 8 万~11 万项。在产业收入方面,我国入围高校产业收入标准化总值参考值为 7800~10 600。在每百万居民中研发人员数方面,我国将约为 2014 年的高收入国家平均水平,达到 4000~4500 人。

在开放性方面,将工程专业认证覆盖率提升至 38%~43%,全面加入七大国际互认协议,并创新性地牵头发起工程硕士层次的《北京协议》。

在公平性方面,在性别均衡度和地区均衡度上进一步实现优化和平衡。

在可持续性方面,进一步贯彻绿色工程教育理念,将可持续发展理念写入工程人才培养的通用标准和行业标准内。

第六章 《中国工程教育 2035》质量保障体系

第一节 国外工程教育质量保障体系建设进展

本章以美、德、英、法、俄等国的工程教育为研究对象,对比分析各国工程教育现状及其质量保障体系的建设与进展情况。

1. 美国工程教育质量保障体系

美国为保证其科学技术始终处于世界领先水平,高度注重工程师的能力和素质,并大力发展工程教育,其培养目标是要学生具有全面的知识基础和综合能力,包括实践能力、科研能力和解决问题的能力。此外,还特别强调表达能力和创新能力的培养,认为这些素质是工程师在全球化时代必须具备的能力。在20世纪90年代以来"回归工程"思潮的影响下,美国工程教育界开始强调"通才教育",对工程教育提出了新的要求,更加注重工程教育的系统性和综合性,强调工程技术人才要集研究、设计、实践能力于一身,并在走入社会后有更强的适应性。

美国高等教育内部质量保障基本都采用全面质量管理(TQM)模式,即学校各个院系的全体教职员工和学生都参与到质量管理的全过程,对教学的各个环节进行严格监控。美国的高等院校实行"大学自治"和"学术自由"的原则,即行政权力和学术权力互不干预。行政管理主要实行的是董事会制度,学术管理则属于教授委员会(或学术评议会),教学质量评价与监控是教授委员会的主要职责之一，此外还负责学位授予、教师评聘与晋升等事务。美国高校普遍采用校、院、系三级质量管理，学校主要负责全面质量控制，如学科建设、经费分配使用、课程设置等，发挥督导和协调作用；院系在管理上有很大的自主权，负责内部事务管理和控制，系和研究所要执行各项质量政策的要求，并进行自我评价。院系的教授委员会要参与课程的审批和评价、科研项目管理等，其在质量保障中的作用尤为重要。

美国高校采用教学质量评估的形式评价教学质量，主要通过问卷调查和在线评估的方式进行，内容包括教师、课程和学生的意见等。对教师的评价主要针对教师的教学水平和教学方法做出判断，对课程的评价涉及课程准备、课程讲授到课后考试的全过程。此外，学生对教师的评价是教学质量评价的重要组成部分，学生采用定性和定量相结合的方式对教师的教学提出意见和建议，学生评价也是教师奖励和晋升的主要参考依据之一。

信息收集主要通过学生、同行、领导、毕业生、企业和自我评价获得。学生是评价主体，学生的意见和建议最能反映教师真实的教学水平和质量。同行评价在美国高校中的使用也很广泛，通过同行听课的形式对教师的教学做出评价；自我评价的内容包括教学、课程、科研项目、论文和专著的数量等。评价结果既要反馈给被评价的教师，使教师能够改进自己的教学，也要向学生公布，让学生了解评价的结果。

美国高校一流的教学资源也是保证其教育质量的重要因素，高校投入大量资金用于校园环境、图书馆、体育馆、实验室、网络等公共设施建设，使其在资源条件上保持世界领先水平，成为各国莘莘学子求学的理想之地。此外，美国高校长期以来能够保证教育质量的根本原因就是创立了自己的质量文化，正是其质量文化氛围深深影响着全体教师和学生。虽然各个学校的质量标准不尽相同，各有侧重，但每所高校都凝练了自己独具特色的质量文化，质量意识深深植根于每个人的脑海和心中。

师资队伍的素质和质量不仅决定着学校教育质量的高低，也影响到学校的社会地位。美国各大学都有严格的教师审查制度，在审查标准、程序安排上都有详细的规定。美国高校开展的内部教学质量评估是质量保障的重要途径，也是教师任命、奖励和晋升的重要手段，主要包括专业评估、教学评估、课程评估、学生学习结果评估等。评估形式包括学生评、同行评、院系领导评和自评等多种，是总结性评估和形成性评估相结合，做到全员参与，并覆盖教学全过程,从而使教学质量得到有效保证和不断提升。

美国高等工程院校特别注重在人才培养过程中的校企合作,合作的方式多种多样,如签订合作基金资助、建立科学园、工程研究中心等。这不仅有利于提升学生的实践能力,也有利于高校科研技术的转化,进而推动美国经济的可持续发展。如斯坦福大学通过开设继续教育课程、引进企业技术人员兼职教学、与企业共同完成实践项目等多种形式促进双方共赢,使斯坦福大学成为世界一流大学。实践教育是培养优秀工程师的重要途径,美国在面临当今科学技术快速发展的挑战下大力推进实践教学模式,鼓励学生参与工程实践训练,如麻省理工学院(MIT)的“本科生科研计划”和“本科生实践方案”、普渡大学的“社区服务工程项目”、密歇根州立大学的“服务学习”等。不仅丰富了学生的知识,更为学生提供了大量的实践机会,为美国经济社会建设储备了大量的工程应用人才。

美国高等教育的外部质量保障主要通过认证得以实现,这一定期实施的高等学校或专业教育质量认证是美国保障高等教育质量的一项重要措施。按照认证对象,美国的办学资格认证可划分为院校认证和专业认证两大类。院校认证主要对大学或学院整体资格进行认证,旨在考核整所学校是否达到和保持一定的办学标准。开展专业办学资格认证的机构为专业认证机构,包括三类:全国性认证机构、全国职业性认证机构和区域认证机构。专业认证是在院校认证基础上开展的,对院校中的某一或某些专业或学科是否符合预先制定的质量标准进行认证,是院校认证的补充,由专门职业协会会同该专业领域的教育工作者一起进行,为进入专门职业的预备教育提供质量保证。

工程专业学位的资格认证机构为工程与技术认证委员会(Accreditation Board for Engineering and Technology, ABET), ABET 是得到美国官方和非官方机构、美国高教界和工程界广泛认可和支持的全国唯一的工程教育专业认证机构。美国工程与技术鉴定委员会是独立于政府之外的民间组织。ABET 的前身是成立于 1932 年的美国工程师专业促进理事会(ECPD),1980 年更名为美国工程与技术认证委员会。2005 年开始使用 ABET 这一简称作为组织的正式名称。

ABET 是非政府的、非营利的、民间的专业性服务机构,主要从事独立的第三方工程教育认证和工程师注册工作,由 31 个工程专业技术协会组成。第三方工程教育认证旨在代表工程专业技术协会开展工程教育专业评估(认证),

推动工程、技术及应用科学教育的改革与创新，提高和改进专业教育质量；工程师注册是为了确认工程师进入各工程领域从事实践活动的资格。工程专业认证标准的主要内容包括专业教育目标、专业构成要素、专业的硬软件条件、毕业生、课程及师资等。

工程教育专业认证是保障工程教育质量的主要手段，是工程教育研究的基础性问题。美国工程教育专业认证作为最成熟、最权威的工程教育质量保障体系，是世界各国构建工程教育质量保障体系借鉴的主要对象之一。

美国高等工程教育专业认证程序主要包括四个阶段：①申请认证。院校自愿向 ABET 提出认证申请。②专业自评。专业自评主要包括以下几方面工作：检查本专业教育目标和学生学习达到的成果是否一致；检查师资质量、设备及资料等是否符合认证标准；收集学生学习的作品等。③现场考查。3～4人组成的认证小组对专业进行实地考查，小组成员是来自学术界、政府和企业界的志愿者。④审议和做出认证结论。委员会根据现场考查总结报告和学校反应对专业做出认证结论。

2. 德国高等工程教育质量保障体系

德国的高等教育质量保障主要遵守欧洲高等教育质量保障协会（ENQA）发布的《欧洲高等教育质量保障标准与指南（ESG）》。自 20 世纪 90 年代末引入高等教育认证制度以来，在 ESG 的指导下，德国开展了"专业认证"和"院校体系认证"，由经德国认证委员会（GAC）认可的质量保障机构实施。德国认证委员会（GAC）本身则由欧洲高等教育质量保障协会（ENQA）予以认证。

德国已建立起一个非政府性的、分权式的高等教育认证体系，政府实现了由"干预式政府"向"支持性政府"的角色转型。德国的高等教育认证体系也从依靠认证代理机构进行专业认证的单一模式，丰富为三主体、两层次、两种形式的混合认证体系。其中，三主体为认证委员会、认证代理机构和高等学校；两层次为认证委员会和认证代理机构，认证代理机构直接认证高等学校；两种形式即专业认证和体系认证，每一种认证形式都有规范化的程序和完备细致的标准。

3. 法国高等工程教育质量保障体系

法国通过教育立法，建立质量评估制度和教育督导等质量保障机制确保工程教育质量。法国工程教育质量保障体系包括两个部分:一是教育机构的自我评价,这是高等教育机构质量管理的首要且必不可少的因素;二是独立而公正的外部评估体系,通过 1929 年成立的法国工程师职衔委员会(CTI)具体实施。1934 年,法国从法律上赋予法国工程师职衔委员会评估和鉴定法国工程师教育机构水平的职能,这是法国及欧洲最早的评估和鉴定体系。1984 年,法国再次在《教育法》中对 CTI 的组成及职能予以确认,其目的是保证工程教育可持续发展,推动教学质量不断提高。法国工程师教育质量保障体系的建立,使法国工程教育的质量评估一方面具有独立性,另一方面又得到政府的支持和认可,具有权威性。法国工程教育质量保障体系包括外部评估和教育机构的自我评价两个部分。外部评估是指 CTI 对工程师学校的评估和鉴定以及教育督导;教育机构的自我评价是指工程师学校内部的自我评估和改善。外部质量保障机制主要是对工程教育机构的资格认证和教育督导。

颁发工程师职衔文凭的工程师教育是法国高等教育的一个重要部分,其范围覆盖教育阶段的相关公立和私立教育机构。CTI 是法国专门及唯一负责工程师职衔认证的机构。工程师文凭的获得,意味着该学生达到了工程师所应具备的各项技能及综合素质。相对而言,获得工程师职衔文凭的途径有多种,但所涉及颁发工程师职衔文凭的教育机构都必须获得 CTI 的认证,以保证工程师教育的质量标准。根据 CTI 颁布的相关参考文件,各种途径所涉及教育机构申请 CTI 认证程序略有不同,但一般都包括下面四个阶段:准备阶段、审核阶段、认证和意见反馈阶段、认证结果发布阶段。认证的有效期一般是 6年,超过有效期还需要申请新一轮的认证。

保障高等教育的质量在欧洲是一项重要的工作,并且越来越得到重视。近 20 年来,欧洲高等教育机构在方法和机制层面建立起一个完整的质量保障体系的基本框架。欧洲高等教育质量保证网络(ENQA)所建立的一套完整的高等教育质量保障体系正在得到不断发展。CTI 自 2005 年就已经成为 ENQA 的成员,工程师教育的认证及评估标准是符合欧洲标准的,其认证结果和评估是互相承认的。此外,为了保证教育质量,法国最早建立了教育督导制度,既对教育活动进行监督,又在教育各部门中起到了重要的纽带和桥梁作用。法国目前设有国家教育总督学和地区教育督学,均按专业组织督学工作小组。法国总督学侧重于宏观评估和调研,地区教育督学则在教师评估和管理中发挥着越来越重要的作用。

自我评估是保证法国工程师教育质量所采取的必要手段，也是迎接认证应做的准备工作。从认证过程来看，CTI 非常注重教育机构的自我评估，CTI 的整个认证过程都是在教育机构自评的基础上展开的，特别是在设立工程师培养目标时也充分尊重教育机构提出的培养目标。评审小组的任务主要是审查该专业设置的培养目标是否达到 CTI 提出的最低要求，其办学条件能否保证其培养目标的完成，以及毕业生的质量能否符合该专业自身提出的培养目标。因此，工程教育机构需建立完善的内部质量保障机制，以保障教育质量达到标准。

各工程师教育机构根据自身的特色及社会的需求，明确各自的教育发展目标，并根据相应的培养目标制订明确合理的培养计划。培养计划和课程安排，既要符合学生的就业方向，也要符合企业在招聘、调动和管理员工时的职业取向。学校保证所培养出的工程师能符合不断变化的大环境需要，其素质与相应的行业匹配。学校还采取措施，除了对学生进行能力评估外，还和企业共同对学生的技能进行评估。同时，各工程师教育机构通过加强在企业的实践、开设广泛的非技术教育等措施使未来的工程师具备更加全面的知识技能和人文素养，以保障工程教育满足社会发展对工程师越来越高的要求。

4. 英国高等工程教育质量保障体系

英国的高等教育质量保障体系由三部分组成，即内部质量保障体系、外部质量保障体系和社会及新闻媒体监督。

内部质量保障体系指的是高校自身对教育质量的考核与监督，通过构建全面质量管理制度、设置机构和管理人员、开展学校和学科自评三种方式进行质量控制。

外部质量保障体系则由政府、高等教育质量保障署以及高等教育基金委员会来监督，其中政府主要通过立法拨款等方式间接而非直接参与高等教育管理，高等教育质量保障署和高等教育基金委员会则按照国家有关法律和政府相关政策对高校教育质量进行评估和审计。此外，近年来，英国也将学生的体验调查作为高等教育质量保障新体系的重要组成部分，强调通过学校和学生的互动来保障和提升高等教育质量。

在英国，各个大学均设有内部质量保证机构，并接受来自学校外部的质量审查，以确保专业和学位的质量及标准。英国的研究生教育质量管理除了高校的内部质量保证监控外,越来越重视高等教育质量的外部保证,其外部质量保证由高等教育保证署(Qualify Assurance Agency in Higher Education,QAA)来承担。高等教育保证署(QAA)成立于 1997 年 3 月,是准政府机构,它是由大学校长委员会建立的一个组织,成员多来自高等教育机构内部,其核心任务是评估英国高等教育的质量和标准。

在英国的工程教育系统中,既有由大学颁发的学术学位,又有由工程专业协会颁发的专业头衔。英国工程教育是以让毕业生取得专业头衔(即专业资格)为主要目标。经过 20 多年的发展,英国的专业资格已经把学术资格和职业资格融为一体。严格的入门要求、多样化的候选资格,加上灵活的注册路径,既保证了专业资格的质量,又使不同年龄和具不同类型与层次资格的候选人都有可能通过终身学习在工程专业生涯中晋级。

在英国,负责工程师职业资格认证、注册等管理的机构是英国工程委员会,成立于 1981 年,是经皇家特许的权力机构,负责对英国的工程界进行管理,并在国外代表英国工程师的利益。它的主要任务,一是工程师和其他工程技术人员的注册,二是工程教育专业认证。具体包括制定特许工程师、技术工程师和技术员专业能力和职业道德标准;对符合条件的工程学会授予许可证,并指导各工程学会实现工程教育专业认证和工程技术资格注册。英国的工程教育专业认证是由工程学会下属的认证机构实施,由 ECUK 协调和平衡的。ECUK 授权给 49 个工程学会从事工程师的注册工作,其注册工程师分为特许工程师(CEng)、企业工程师(IEng)和工程技术员(EngTech)三个等级。CEng 注重技术创新性,IEng 侧重对现有技术的利用和开发,EngTech 则主要针对工程实际的应用。

5. 俄罗斯高等工程教育质量保障体系

俄罗斯第一批工程学校是在 18 世纪初建立的。这些学校主要借鉴法国著名工业学校的经验及办学思想,认为合格的工程教育要有数学、力学、化学等课程教学,这些课程在教学计划中应占有较大比重,为学生进一步的专业学习夯实基础。因此,技术院校创建伊始就高度重视基础课程的教学。俄罗斯在工程教育中形成了富有成效的教学方法,重视未来工程师的理论课训练及技术实践活动的训练。俄罗斯采用教授讲授制,听课有严格考勤,将出勤情况与公费学生奖学金评定挂钩。解决工程实际问题时,将学生分成 25～30 人的若干小组，每个小组都配备至少一位指导教师。通过完成毕业设计，培养学生实际解决工程问题的能力，学生的毕业设计均达到较高的水平。以最新科技成果研究带动教学，"基于科学的教学"是俄罗斯技术院校人才培养另一个重要的经验与基本准则。技术院校的教师十分重视国内外最新科研成果，并将科研成果介绍给学生，同时带领学生共同研究。每一所工程技术院校都要定期出版论文集或系列著作，刊登教师与学生的研究成果。

在教育结构方面，俄罗斯呈现多级制。用四年时间培养生产型工程师（获学士学位），能解决一些基本的生产问题；用五年时间培养研发型工程师（获专家文凭），即高新技术领域的研发人员和设计人员；用六年时间培养研究型高级工程师（获硕士学位）；在硕士学位的基础上再用三年的时间，可以获得副博士学位。生产部门可以根据需要选择以上类型的工程师，人才培养结构保持了一定的动态平衡，因此高校满足了用人单位的不同需求，同时实现了学以致用的理念，让学校培养的学生能更好地服务于社会和企业。俄罗斯工程教育在保持悠久传统的基础上不断顺应国际趋势，立足本国创新经济的发展需要，面对存在的问题不断进行改革，呈现出更加规范、多样、合作共生的工程教育服务市场，这个市场将在国内外市场上呈现更加活跃的生机。

在机制保障方面，为了顺利地进行高等教育改革，俄罗斯不仅颁布了一些法律、规范促进高等教育的改革进程，而且还制定了第一代和第二代国家教育标准来加强对高等教育改革的保障。目前，俄罗斯正在构建新一代的国家教育标准。自苏联解体以来，俄罗斯政府出台一系列有关高等教育的政策法规，包括《高等教育领域国家政策的基本原则》《俄罗斯联邦教育法》《俄罗斯联邦高等教育法》《国家高等教育标准》以及《关于在俄罗斯联邦建立多层次高等教育结构的决议》等 250 多个教育法律、法规、文件，旨在对高等教育的目标、性质、内容、结构等做出新的规范与行动指向，以适应新形势下国家和社会的发展需要。《俄罗斯联邦教育法》规定，俄罗斯高校的管理原则是民主性、社会性和自主性，由此，高校的自主权得到了扩大。高校自主权的扩大，为高校更好的发展提供了重要保障。高校的自主权集中体现为高校自治和学术自由，《俄罗斯联邦高等教育和大学后职业教育法》明确阐述了这种自治和自由的内涵，即高校可以根据法律和高校的章程自主地挑选和任用干部，开展教学。这样做的目的也是为了扩大学校办学的自主权。

此外，俄罗斯还引进竞争机制，多级筹措资金。为确保俄罗斯高等教育在世界上的先进地位,俄罗斯以法律形式规定,国家每年从年度财政预算中,按不低于联邦预算 3%的比例对高等学校进行财政拨款,以保证国家对高等学校的投入,促进高等教育的发展。

6. 借鉴与启示

（1）美国外部保障-工程教育专业认证的借鉴和启示

美国工程教育专业认证体系现在是世界公认的最具权威和最有影响力的认证体系,已经积累了丰富的经验,值得我国借鉴。我们在构建日趋成熟、逐步完善的工程教育专业认证体系时,需要在考虑基本国情下,充分借鉴美国工程教育专业认证的成功经验。

工程人才素质要求是认证发展的内在逻辑和根本动力。工程作为一种利用自然力量改造物质世界继而改善人类生活的活动,与经济、政治、文化、社会和环境的联系十分紧密。从历史的角度看,工程的历史,就是工程教育与社会变革不断相互作用的历史。工程教育专业认证作为工程教育质量保障的重要手段,也处在社会大系统之中。从美国工程教育专业认证的形成和发展历程可以看出,不断提高工程教育质量以推动工程技术创新、满足人的发展需求是工程教育专业认证发展的内在逻辑和根本动力。这既是作为第三方认证机构的使命和目标,也是其不断发展、及时寻求变革的主要原因。

能独立运作的认证组织是开展认证活动的前提条件。美国工程教育专业认证之所以在世界范围内有重大影响,是因为它是独立运作的第三方工程专业认证组织。非政府性、非营利性、自治性、专业性是 ABET 存在并持续发展的必要条件。该组织能凸显工程教育专业认证的知识特征和行业权威,以其清晰的使命、强大的专业队伍、科学的认证标准、专业的认证活动,既能激发高校专业认证的积极性,又能紧密联系工程专业协会和工业界,有助于推动认证的发展和获得高校、工业界和社会的认可,而这种认可是工程专业认证活动得以拓展的公众基础。

作为工程专业组织的 ABET,会员数量从成立时的 7 个工程专业协会,发展到现在的 31 个工程技术专业学会协会,几乎涵盖美国所有工程领域。他们为认证标准的制订、认证影响的扩大做出了卓越贡献,没有他们的参与,认证活动就失去了基本的依托和基础。也就是说,只有庞大的工程专业认证组织,并吸收各方广泛参与,才能保证认证活动的质量保障成效,质量保障效果好,是认证活动能够可持续发展的根本。自治性是第三部门机构的运行规则。从ABET成立开始，就强调非政府性、非营利性，一贯地奉行独立自主的运作模式。就独立性而言，认证活动的独立性越低，认证结论越不客观公正；独立性越高，认证结论越客观公正。因此，为保障认证活动的独立性，不但要从管理层面为组织成员提供相对宽松的软环境，而且往往要求组织成员具有高度的自主性与自由性，时刻以改进工程教育质量为工作目标。在做出认证结论时，通过自由讨论，甚至争论，获得以证据为基础的科学合理、客观公正的结论。在经费来源上，要坚决拒绝附带不当目的、包含不当条件的资助与捐赠，以使组织成员不遭受信息封锁、权力压迫与权威干预，使组织成员最大限度地发挥自主性与自由性，从而使认证活动达到最客观公正和最具权威性。

工程教育专业认证需要政府、市场、高校之间相互协作。第三方的独立和自治是相对的，它需要与各利益相关者沟通与合作。工程教育专业认证也一样，只有政府、市场、高校给予支持和认可，认证活动才能开展并取得良好的效果。他们之间合作的利益结点是至高无上的公共利益——工程教育质量的持续改进。工程教育专业认证机构在保持相对独立性的同时，要拥有广泛的交流合作、多样的沟通渠道，使认证活动被各利益相关方理解与接受，最大限度提升认证活动的影响力。认证机构要做到对利益相关者"依靠"而不"依赖"。一方面，尽力争取各利益相关方的支持，使认证机构能在正常运作中得到发展，逐步取得社会声誉；另一方面，在争取外界支持的同时，加强自身建设，维护和提高自身的独立性和专业性，不断拓展自身的发展空间。

科学的工程专业认证标准是认证专业化发展的核心内容。从质量保障的内在源头而言，工程教育专业建设的核心是认证标准。它是工程教育的基本质量规范，是认证活动的实施方针和行动指南，是高校进行专业建设、自我评价以及专家审阅评估报告和实地考查的重要依据。从某种程度上讲，认证标准决定着认证活动的成效。所以，开展工程教育专业认证，首要问题是制订科学的认证标准。

（2）美国内部质量保障体系的借鉴和启示

美国高校内部质量保障体系是系统集合，并突出教育思想的反思功能。早在20世纪60年代，苏联宇航员加加林首次太空飞行，引发了美国教育界的思考，他们认为这个第一人是苏联人而非美国人，是源于美国的基础教育中科学教育不足，因此有必要对此进行重大的改革。80年代末90年代初是美国高等教育的又一次集体性反思,他们认为整体知识观会在 21 世纪的大学课程改革中发挥重要作用,强调将通识教育改革与专业教育改革结合起来,将本科课程建设成为一种整合的,跨学科的和基于研究的课程体系。

哈佛、麻省理工学院、普林斯顿、斯坦福、加州大学洛杉矶分校、杜克等著名研究型大学均在全面评估本校本科教学的基础上,结合自身特点,以整体知识观为理论指导,制定了将通识教育课程和专业教育课程融为一体的本科课程体系,并采用了创新的教学方法。课程目标设计将知识传授、研究方法和研究能力的培养结合起来。课程结构改革,一是根据科技发展和社会进步淘汰一批过时陈旧的课程,二是提高课程集成度和整体性,加强大学一、二年级课程的内在联系和智力刺激,培养学生解决问题的能力。课程设置强调改革通识教育课程,发展跨学科项目,通过在通识教育课程体系中增设具有跨学科性质的链接和沟通专业教育和通识教育的中介类或链接类的课程,使二者有机地结合起来,学校依据培养目标组织一组或多组核心课程。

2004 年,哈佛大学提出并实施了新的课程改革方案,核心理念是贯彻整体知识观思想,整合通识教育与专业教育。课程内容充分体现高等教育的国际化倾向,培养学生国际思维和国际视野。这次美国高校课程改革的一大特点是课程方向人文化。哈佛认为,在网络、科技迅猛发展的全球一体化背景下,德育的难度和重要性都加大了,利用好科技这把双刃剑,必须依靠人文精神的指引,因此必须加大人文课程分量,重视人文社科教育,实现人文文化和科技文化的融通融合。

当然,我国近些年的教育改革已经很大程度地借鉴了美国高校教育改革的思想,但是反思的深度不够,结合自身实际的创造性举措有限,特别是执行效率还有很大提升空间。为此我国应进一步深入反思高等工程教育在世界工程教育体系中的状态,确定症结所在和发展方向。

（3）欧洲高等工程教育质量保障的启示

欧洲的工程发展处于世界顶尖水平,这一发展成果与其工程教育体制息息相关。欧洲工程师教育是通过立法来保证教育质量的。通过立法约束,减少政府对大学的行政干预,保证大学在法律规定下的办学自主权,按照教育发展规律提高办学质量。

法国工程教育以政府监管为主体,通过外部评价和自我评价完善本国工程教育。健全的工程教育监管和保障体系很好地促进了工程教育的发展,能够及时发现教育整体的不足，并适时出台补救措施。在这样的体制制度下，法国培养出了大量的优秀工程人才。

俄罗斯的工程教育历史悠久，经过长期不断发展和优化，已经具有了较为完善且先进的工程教育体系。俄罗斯强调学生与社会、企业的联系，让学生在学校所学的知识可以更好地服务于社会，促进国家发展。在教学方面，俄罗斯非常注重基础教育，对基础学科教学把控严格。工程教育中的基础学习是十分关键的，只有夯实基础才能培养出更加优秀的工程人才。

英国和德国两国的工程教育在发展过程中也存在着很多相似点，为了适应新时代的发展需求，两国均显现出重视跨学科的特征，即培养复合型工程技术人才，同时也大力促进国际合作与交流。

在保障机制方面，欧洲一些国家工程教育主要依靠 CTI 组织，利用 CTI 制定的外部保障和自我评价原则确保工程教育发展。外部保障可以有效地保证各级教育机构的正常运行，同时监督各级教育机构，使教育机构在规则内正常运转。各国所实施的自我评价有助于各级教育机构不断反思自身的问题和优势，并进行持续性改革和创新，以保证工程教育的良性发展。各国在保障方面是在立法的基础上放权给学校。通过完善教育立法放权给学校，使学校在自主权利范围内深化改革，促进工程教育良性发展。此外，各国还在经费投入方面引入竞争机制，依据培养成效确定资金分配，这一机制也有效地促进了高水平工程人才的成长与发展。

欧洲各国政府推动工程师教育质量保障发展的两个主题，是促进工程师教育的国际化与职业化。各国一直重视面向国际的工程师教育培养，致力于把工程教育推向世界，让本国的工程师培养获得欧洲及世界的认可。在教育国际化背景下，加强与国外工程教育界的交流合作，拓展学生的国际化视野，提升学生跨文化交流、合作的能力和参与国际竞争的能力。同时，欧洲一些国家的工程师教育十分重视职业性与学术性的融通，强调教学与社会之间的联系，邀请企业专家担任教师和参与评估。遵循工程技术人才培养规律，制定满足工业界对工程技术人员职业资格要求的标准，有效推进高等工程教育的改革。

借鉴欧洲国家工程教育发展的经验，中国政府应将工程技术人才培养作为落实创新驱动发展战略和人才优先发展战略的一项重要工作。加强顶层设计，明确政府、企业和高校等相关利益主体的权责关系，进一步强化工程技术人才技能培训的保障机制和政策约束，从而促进工程教育可持续发展。

第二节　中国工程教育2035质量保障体系构建与完善

结合我国新时代发展总体布局、总目标和基本方略,面向培养德、智、体、美、劳全面发展的社会主义建设者和接班人的总体目标,中国工程教育的初心使命就是以立德树人为根本任务,借鉴各国高等工程教育的经验,肩负起支撑我国工业化战略走向和建设创新型国家的历史使命。

1. 我国工程教育质量保障体系建设现状与问题

第一,师资质量保障方面。

目前,我国高校50岁以下教师的比例在70%左右。在国家及地方各类人才计划的促动下,这批教师迅速成长,为我国高校大学排名的整体前移发挥了巨大的作用。然而,对于工程教育而言,由于其学科特点和人才培养目标的特定指向,也出现了不容忽视的问题。

一是高校选聘教师的标准基本围绕论文发表和学位文凭,入职后继续被激励着发表论文,论文发表得好职称晋升就快,"帽子"拿到的就快。"帽子"的获得不仅是一次性奖励,而是终身待遇和不断提高待遇的敲门砖。

二是有一批工学专业的青年教师功底不足,不具备指导课程设计、指导毕业设计、熟悉专业所属行业的设计规范等工程教育能力。他们本科毕业就开始做科研,基本没有实际工程体验。

三是执业精神和综合素质不够。青年教师从高中就文理分科,人文社科教育不足,缺少教育是需要奉献的事业的职业认知。鉴于成长的社会背景,导致他们担当精神弱化,面对责任和使命往往缺乏主动性,一度被诟病为"精致的利己主义者"。

第二,创新创业教育政策导向方面。

2015年5月,国务院办公厅发布《关于深化高等学校创新创业教育改革的实施意见》,6月教育部在北京召开深化高等学校创新创业教育改革视频会议,对深化高校创新创业教育改革工作进行了动员部署。自此,全国各层次高校集体行动,把创新创业教育纳入学校人才培养体系之中,纷纷成立创新创业教育学院、创新创业中心或基地等。同时,加大了对在各类竞赛中取得优异成绩同学的奖励力度。然而,大部分专业、大部分教师、大部分学生是游离在边缘的,创新创业教育发展的受益面没有得到充分重视。

第三,吸引企业保障人才培养质量方面。

工程教育离不开产业界的参与,高校虽与很多企业签署实践教育合作协议,但却不能有效实施,学生实习的时间和内容缩水,质量下滑。这反映出我国产业界承担人才培养的责任意识淡漠,缺乏主动与教育界对接的自觉,缺乏主动介入学校教育,带着问题参与人才培养,推介企业文化的前瞻意识。

2. 新发展理念下高等工程教育质量保障体系构建

在"百年未有之大变局"和"两个一百年"奋斗目标的宏大历史背景下,中国工程教育应做系统、全局、深入的谋划,也要有微观、具体的举措;既要联动国家部委、中国工程院等中枢层面力量,也要整合高校、社会的各方力量。工程教育是教育的重要组成部分,工程教育问题需要在整体教育体系和框架下研讨。

因此,把握我国高等工程教育发展脉搏,必须立足新时代中国特色社会主义事业发展的总目标、总任务、总体布局,以及发展方向、发展方式、发展动力、战略步骤、外部条件、政治保证等基本问题,遵照党中央对经济、科技、教育、民生、社会、生态文明、国家安全、国防和军队、外交等各方面做出的理论分析和政策指导,从国家战略对人才需求的层面做出科学判断和决策。重点是工程教育的发展如何适应"五位一体"总布局的发展需求,特别是人才培养质量对经济建设、社会建设、生态文明建设的战略支撑,包括呼应推动构建人类命运共同体的战略需求。

(1)新发展理念的需求

党的十九大明确了教育发展的方向和目标,即加快教育现代化,办好人民满意的教育,要全面贯彻党的教育方针,落实立德树人根本任务,发展素质教育,推进教育公平,培养德、智、体、美、劳全面发展的社会主义建设者和接班人,加快一流大学和一流学科建设,实现高等教育内涵式发展。

提高就业质量和人民收入水平的战略导向,正是工程教育专业设置和创新创业教育发展的目标;实施健康中国战略,为推动医工结合发展提供了广阔的前景;有效维护国家安全的战略需求,更为国防相关专业的稳健发展提出了强烈的需求。

目前,我国已成为世界第一制造大国,拥有 41 个工业大类、207 个工业中类、666 个工业小类,形成了独立完整的现代工业体系,是世界上唯一拥有联合国产业分类当中全部工业门类的国家;我国一些技术已经从过去的"跟跑"到"并跑"在向"领跑"迈进。从未来发展而言,我国将从研发、工程化、产业化三个环节协同发力,补齐重大短板,提升创新能力,推动重大技术装备高质量发展,加快建设制造强国。

面向现代化建设,我国追求的是人与自然和谐共生的现代化,国家战略部署包括推进绿色发展、着力解决突出环境问题、加大生态系统保护力度。

依此种种各行业、领域的国家战略实施,对我国工业界各个层次的人才都提出了重大需求,无疑是对我国工程教育提出了更高的要求,国家需要大批具有创新精神和国际视野的战略科技人才和创新型技术专家人才、大批企业家人才、高级经营管理人才和高素质一线生产人才。为此要突出"高、精、尖、缺"导向,加快推动学科专业交叉融合,推进高端智库建设,完善专家工作体系,集我国制度优势、管理优势、人力优势之力,努力培养知识型、技能型、创新型劳动者大军。借鉴各工程教育发达国家的成功经验,我国高等工程教育现行质量保障体系实行内部、外部双轨制是科学合理的,各校内部均有相对成熟的人才培养质量保障体系,外部初步建立了隶属行政主管部门的评估中心,定期对学校整体进行评估和受理专业认证。

(2)完善高校内部质量保障体系

面向 2035 年的工程教育发展,需要高校认真研判反思现行质量监控评价体系运行的有效度,完善制度机制。

要科学设置、建立一支专业化的内部质量保障专家队伍。这支队伍不应是"警察",只监管秩序,而是要经过培训的、懂教育管理、谙熟教育规律、熟悉国家和学校相关政策的专家。学校应将这支队伍纳入学校评聘考核和薪酬分配体系,确保内部质量保障体系运行的有效度。

要强化质量保障意识,营造质量文化的氛围。充分发挥高校内部质量保障体系的作用,除要有专业化的队伍、完善的管理制度和运行机制等客观条件外,不能忽视师生的质量意识。从树立广大师生的质量观入手,通过在校园中宣传质量信息、开展制度化的教学质量活动,使质量意识深深植根于广大师生的心中,化为其保障教学质量、参与质量管理的内在动力。

要摆正师资队伍建设的方向。师资队伍的结构和水平直接影响到工程人才的培养质量,根据工程教育的特点,建设一支符合工程教学专业和能力要求、具有工程教学实践经验的师资队伍是保证工程教育人才培养质量的关键因素。要切实提高工科教师实践能力,特别是要将工科教师的工程实践背景与经验纳入到相关人事制度中。目前,由于我国工程教育规模体量庞大,师资成长中过于强调理论,新教师没有经过工程实践锻炼直接走上讲台,缺乏工程实践背景的情况非常普遍。因此,要切实提高工科教师队伍的工程实践能力,完善在职教师进企业参与工程实践的体制机制,强化青年教师培训,为教师参与工程实践搭建平台。

要加强对实践教学质量监控。实践教学在高等工程教育中的地位和作用无须阐释。但很多学校没有形成制度化的实践教学质量监控体系,导致实践教学的作用弱化,学生的工程实践能力始终得不到有效的培养和提高。完善实践教学体系改革要多管齐下,创新实践教学课程体系和教学方法、改善实践教学条件和基地建设、加强对实践教学的质量评估和监控。实践教学环节通常分为校内实践教学和校外实践教学,校外实践教学多是到校外实习实训基地或是深入企业参与工程实践,可以使学生接触真实的工程情境,有助于切实提高学生的工程实践能力。所以,尤其要加强对校外实践教学的监控力度,配备实践经验丰富的教师,与企业建立共同监控的质量保障制度,把学生在实践教学中的成绩作为其学业成绩的重要部分,从而保障实践教学作用的发挥,提高工程毕业生的质量。

(3) 工程教育外部质量保障体系建设

自 2016 年成为《华盛顿协议》正式成员国后,我国加大了推行工程教育专业认证的力度,开启了工程教育外部质量监控运行机制。多年来,经过主管单位和全国高校的共同努力,取得了显著成效。

2019 年 3 月 12 日认证协会发布了 2018 年中国工程教育认证大事记,包括审定《工程教育认证通用标准解读及使用指南(2018 年版)》;完成认证专家资格认定,确定 1035 名专家和 346 名秘书;发布 2006 年以来通过认证的 846

个专业名单;定期举办骨干专家培训和申请认证专业教师自评培训;参加国际
工程联盟(IEAM2018)年会;启动了认证组织实施方式改革试点。

可见,以专业认证为标志的我国工程教育外部质量保障体系已开启实质
性运行。但是,从前述大事记可见,参与比例尚少,覆盖率远远不足以达到质
量监控与保障的目的。此外,通过对参与现场考查专家的调研,发现工程教育
专业认证工作中的学校自评环节、专家审阅自评报告环节、现场考查环节都还
没有规范到期望水平,需要在探索前进中不断完善。

第七章　中国工程教育2035
支持性政策建议

面向2035,提高我国工程教育质量、建设工程教育强国,需在顶层设计、整体规模、结构层次、质量保障方面提前布局与政策选择。本报告建议:

建议一:提升教育师资的岗位价值,吸引最优秀的人才从事教育工作。

一个国家和民族对教育的重视程度,教育的水平,与其发达和文明程度密切相关。伴随科学技术的迅猛发展,对未来工程师的综合素质要求越来越高,对工程教育的水平要求越来越高,因而对生源的综合素质、对大学教师的综合素质要求越来越高。

师资队伍建设应提升到国家战略层面规划和推进实施。建议国家综合研究教师的选拔、培养、管理及未来发展问题,拓宽教育教师的来源渠道,提高教师的专业知识水平和综合素质要求,吸引更多的优秀人才加入教师队伍。

建议二:建立以创新教育为核心的工程教育观,研究出台支撑高校实践教育与师资良性发展的新举措。

前面在分析我国工程教育存在的问题时述及,从教育哲学的视角看,我国工程教育长期持有"工具理性"的教育理念,这与中华人民共和国成立初期经济落后,百废待兴,社会急需建设人才有关。目前,我国经济规模体量和制造业规模已达世界前列,社会中产阶层人口已超亿人规模,我国社会主要矛盾已经发生转化,在知识经济和信息社会日益凸显的发现、发明、创新等精神特质的工业化中后期,学生创新意识培养和发展尤为重要。

所谓创新意识,是指主体自由超越性的精神觉察,具价值属性。这里的主体是指具有自主性和能动性的人。因而,以"创新意识"为核心的工程教育理念是对传统的"工具理性"工程教育理念的变革,其哲学基础是"实践优位"的工程哲学。与"工具理性"理念下的工程教育模式不同,蕴含"创新意识"的"实践优位"理念下的工程教育模式,实质是基于工程文化的工程教育模式。而工程文化恰恰是"工具理性"和"价值理性"的统一。即创新意识是在工程实践中发生和发展的,离开了工程实践活动,创新意识就无从谈起,由此构成强化"无实践不创新"的工程教育理念。

此外,学校内部的师资组成应分类和多样化,除教学、科研型外,可考虑增补工程型,并制定相应的选聘、考核和评价晋升机制,以保障实践教育需求,支撑工程教育水平提升和可持续发展。这一点在国外大学早有先例,一是学历教育不需要连续,很大比例的硕士、博士是有了社会工作阅历后再回到校园的,学习研究的目标和针对性都更明确。二是很多在企业工作多年的工程技术专家应聘学校教职。

建议三:全面评估工程教育专业认证工作,进一步优化认证标准,并依此推进工程师培育模式改革。

2018年5月,教育部评估中心和认证协会联合印发通告,集中公布了2006年以来通过认证的846个专业名单。教育部网站发布题为《我国近千专业进入全球工程教育"第一方阵"》新闻稿,专题宣传工程教育认证取得的成绩。《光明日报》《中国青年报》、新华网、人民网等中央媒体以及数百家地方媒体转发了新闻稿或进行了相关报道。这个信息对于提振我国工程教育的自信大有裨益,但同时也需要我们分节点对认证工作本身进行全面反思,特别是要对2016年我国成为《华盛顿协议》正式成员国后的认证工作进行全面评估。

通过对多位参与专业认证现场考查专家的访谈,我们认为我国工程教育认证通用标准和专业补充标准具有科学性、先进性,观测点清晰明确,但申请认证的专业和专业所属学校的应答举证已有"新八股"趋势,如用若干门"两课"即可解决多项毕业要求中的问题。为了提升未来工程师的竞争力,完善并建立将工程伦理、职业操守、人文素养、领导力、学术表达力、激发学生创新思维、批判性思维和跨学科与跨文化交流融于一体的完整工程教育体系,进一步改进并构建适应我国国情和利于工程教育可持续发展的工程教育专业认证标准,必须提出蕴涵我国"工程文化"和质量文化的工程教育新目标。

建议四:加强工程教育未来发展的顶层设计,以新发展理念、新质量观引领未来发展。

在发展理念上,将"创新、协调、绿色、共享、开放"的基本理念融入高等工程教育发展战略。在质量观上，树立普及化高等教育阶段的人人皆可卓越的多样化工程教育质量观。在路径选择上，牢牢扎根于中国工业现代化建设的实际，走出一条以规模稳定、结构合理、质量领先、开放合作、公平均衡、持续发展为特征的具有中国特色、世界一流的工程教育发展道路。

建议五：保持中国高等工程教育规模长期稳定，确保工科在校生数占高等教育总规模的三分之一。

在总体规模上，将工科在校生数占比和工科毕业生数占比保持在 36%～37%，确保工科在校生数占高等教育总规模的三分之一。具体阶段性目标为：将工科在校生人数由 2018 年的 1165 万人逐步扩大至 2035 年的 1980 万人，将工科毕业生人数由 2018 年的 303 万人逐步扩大至 2035 年的 493 万人，保障工程科技人才的充分供给，助推我国从人口大国走向人力资源强国。按此目标发展，预计到 2035 年，我国每万人中工科毕业生数，将从 2018 年的 22 人增加到 35 人。

在资源保障上，确保未来 15 年国家财政性教育经费支出占 GDP 比例至少达到 4%。与此同时，加快放管服结合、管办评分离改革，建立政府、大学、市场在工程教育资源配置中的新型关系，进一步引导市场资源投入工程教育。

建议六：扩大工程硕士和工程博士在工程学位中的占比，加强产学深度融合。

第一是优化高等工程教育的层次结构，逐步降低专科层次工科毕业生占比，发展应用型本科，实现专科占比大致等于本科占比，提高应用型工程科技人才知识、技能和素质储备水平，为大专学生接受应用型本科教育及其他层次教育开拓渠道。

第二是加大工程硕士、工程博士专业学位占比。到 2025 年，工程博士、工程硕士占比（与学术型博士、硕士比较）分别提高至 7%、48%；到 2030 年，工程博士、工程硕士占比分别提高至 10%、50%；2035 年，工程博士、工程硕士占比分别提高至 12%、55%。加快推进工程专业学位研究生教育、稳步推进工程博士专业学位试点，从质量标准、招生制度、培养目标、课程体系、师资队伍、评价考核等方面，区分学术型学位与专业学位的培养定位，从而为解决"卡脖子"问题，实施创新驱动发展和全球产业价值链的攀升提供充分支撑。

第三是加强体制机制保障。促进教育链、人才链与产业链、创新链的有效衔接，鼓励行业、企业等多元主体参与工程教育的入口培养端与出口就业端。

确保纵向贯通,形成基础教育、高等教育、继续教育有效衔接、完整顺畅连续的工程科技人才培养路径和培养系统。通过改革招生制度,建立学分转换系统、国家教育资历框架、学历学位提升的立交桥。促进横向畅通,通过税收优惠、实习保险等制度,将接受学生生产实习作为企业的社会责任。

建议七:加强国际合作、加快工程教育认证与工程师资格认证的衔接。

第一是完善各级各类工程专业认证体系。在本科层次,完善实施《华盛顿协议》认证体系,进一步扩大认证专家队伍,扩大国内工程教育认证覆盖面。在专科层次,参照国际工程联盟的《悉尼协议》和《都柏林协议》,建立专业认证的国家标准和行业标准。在硕士层次,在基础较好、条件成熟的行业领域率先开展专业认证。

第二是以国内认证推动国际互认,加入工程教育和工程师资格互认的主要协议。在基础好的行业领域,创建中国主导的新协议,提高中国工程教育的国际话语权和影响力。同时,进一步推动工程师制度改革,加快中国工程师资格认证体系建设。

建议八:充分利用每年 3 月 4 日的"世界工程日"活动,扩大工程影响力与普及度。

通过中国科协、中国工程院、国家自然科学基金委、教育部发起,组织全国工业界、教育界、科技界开展相关活动,宣传发展工业的重大意义,提高工程师的社会地位。在适当的时候,建议全国人大设立"中国工程日"或"中国工程周"。

七十多年来,我国工程教育发展取得了有目共睹的成绩,培养了大量的工程科技人才,为社会主义现代化建设的各项事业提供了有力保障。当今世界正经历百年未有之大变局,面向未来,机遇挑战并存,我国工程教育将肩负更为重要的历史使命,承载更为深远的时代期待。我国产业界、工程界、教育界将进一步主动谋划新时代工业现代化建设的需求,谋划中国工业在世界格局中的地位、作用、分工和布局。国家有关单位,包括中国工程院、中国科学院、教育部、中国科协以及产业相关部委、相关高端智库等机构,加强对未来工程教育和工程师发展走向的研讨,分析工程在未来世界科技进程中的作用,引领我国产业发展和人才培养体系的建设,为 2035 年基本实现社会主义现代化做出更多贡献。

附　　图

　　美国、德国、俄罗斯和中国在 ISCED(2011)框架下的工程教育系统整体情况及层次结构,由浙江大学课题组根据联合国教科文组织《国际教育标准分类法》(2011)及美国教育部国家教育统计中心年度报告绘制。

　　附图 1,资料来源:浙江大学课题组根据 OECD 官方网站的德国学制结构图绘制

　　附图 2,资料来源:浙江大学课题组根据联合国教科文组织《国际教育标准分类法》(2011)及俄罗斯学统计报告绘制

　　附图 3,资料来源:浙江大学课题组根据联合国教科文组织《国际教育标准分类法》(2011)、《中华人民共和国高等教育法》(1998)绘制

　　附图 4,通过《中华人民共和国高等教育法》(1998)、美国教育部国家教育统计中心年度报告计划、OECD 官方网站的德国学制结构图、俄罗斯学制图及相关国家的互相承认高等教育等值协定等文件,并据此绘制了结构图。这些文件对中国、美国、德国和俄罗斯在各 ISCED 等级的可授予学位情况及其连接关系做了详细的规定。

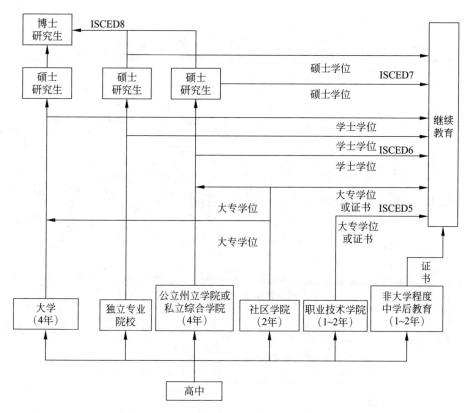

附图 1　ISCED 框架下的美国高等工程教育系统

资料来源:浙江大学课题组根据联合国教科文组织《国际教育标准分类法》(2011)及美国教育部
国家教育统计中心年度报告绘制。

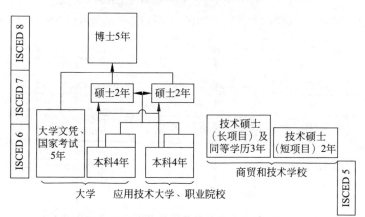

附图 2　ISCED 框架下的德国高等工程教育系统

资料来源:浙江大学课题组根据 OECD 官方网站的德国学制结构图绘制。

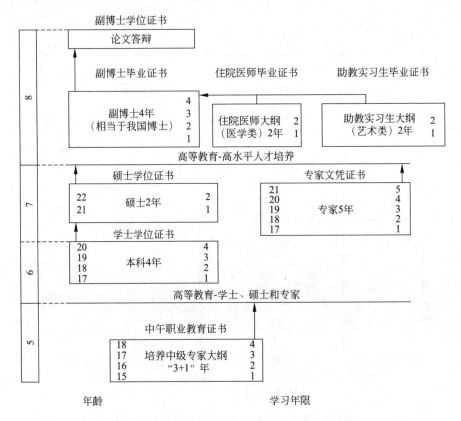

附图 3　ISCED 框架下的俄罗斯高等工程教育系统

资料来源:浙江大学课题组根据联合国教科文组织《国际教育标准分类法》(2011)及俄罗斯学统计报告绘制。

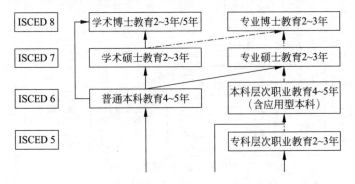

附图 4　中国高等工程教育系统与 ISCED 框架的对应水平

资料来源:浙江大学课题组根据联合国教科文组织《国际教育标准分类法》(2011)、

《中华人民共和国高等教育法》(1998)绘制。

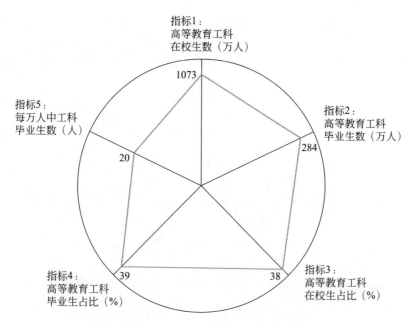

附图 5　2015 年中国高等工程教育规模

资料来源:浙江大学课题组根据表 4-8 绘制。

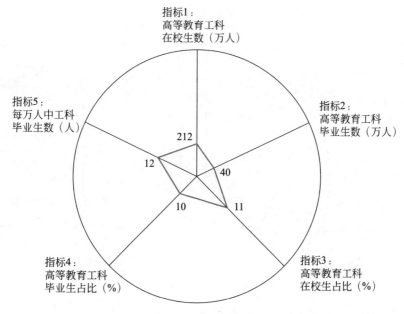

附图 6　2015 年美国高等工程教育规模

资料来源:浙江大学课题组根据表 4-8 绘制。

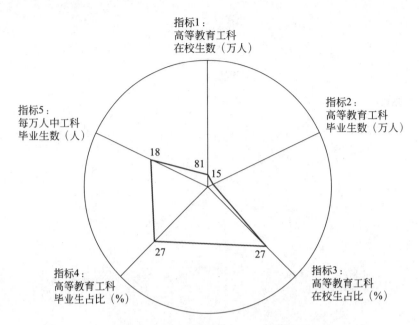

附图 7　2015 年德国高等工程教育规模

资料来源：浙江大学课题组根据表 4-8 绘制。

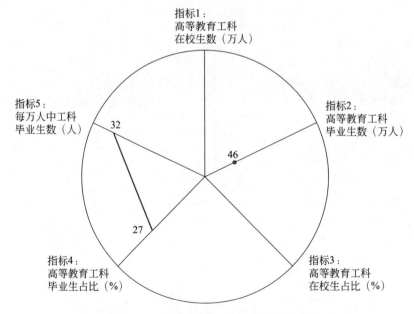

附图 8　2015 年俄罗斯高等工程教育规模

资料来源：浙江大学课题组根据表 4-8 绘制。

多元线性回归过程：

多元线性回归分析需满足六个前提条件：第一，线性，即各自变量与因变量之间存在线性关系，通过绘制"散点图矩阵"考察。第二，独立，即 y 的取值相互独立，用残差间相互独立来检验，用"D-W 统计量"考察。第三，正态，即对于自变量的任何一个线性组合，y 均为正态分布，用残差服从正态分布来检验，通过"标准化残差直方图""标准化残差正态概率分布图"考察，也可用"单样本 K-S 检验"来考察。第四，齐性，即残差方差齐性，标准化残差的大小不随所有变量取值的改变而改变，通过绘制标准化 y 估计值与标准化残差图检验。第五，自变量间不存在多重共线性，通过"共线性诊断"输出的容忍度、方差膨胀因子、特征根、条件指数考察。第六，样本量至少为自变量的 5 倍以上，20 倍以上更好。具体回归过程图示如附图 9~附图 17。

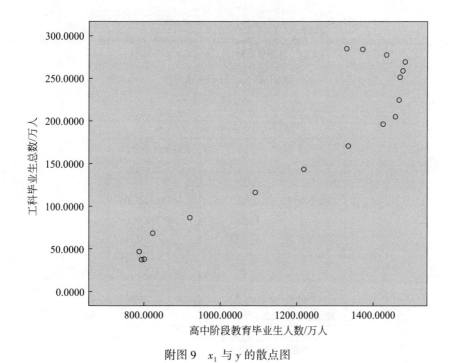

附图 9　x_1 与 y 的散点图

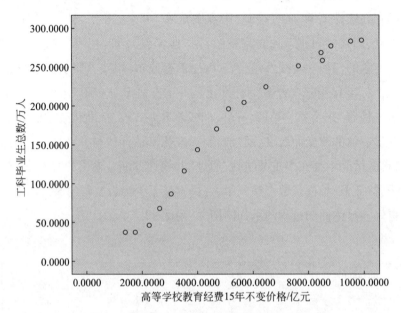

附图 10 x_2 与 y 的散点图

单样本Kolmogorov-Smirnov检验

		工科毕业生总数/万人
N		17
正太参数[a,b]	均值	174.120 606
	标准差	92.749 241 9
最极端差别	绝对值	0.151
	正	0.121
	负	−0.151
Kolmogorov-Smirnov Z		0.622
渐近显著性(双侧)		0.834

a. 检验分布为正态分布。
b. 根据数据计算得到。

附图 11 y 的 K-S 正态检验

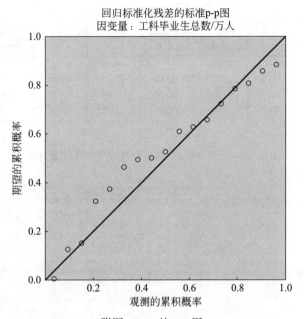

附图 12　y 的 p-p 图

共线性诊断[a]

模型	维数	特征值	条件索引	方差比例			
				（常量）	x_1	x_2	x_3
1	1	3.833	1.000	0.00	0.00	0.00	0.00
	2	0.156	4.951	0.08	0.01	0.00	0.00
	3	0.010	19.376	0.73	0.81	0.00	0.01
	4	0.001	77.482	0.18	0.18	1.00	0.99

a. 因变量: y

附图 13　自变量的共线性诊断

模型汇总[b]

模型	R	R^2	调整R方	标准估计的误差	Durbin-Watson
1	0.999[a]	0.998	0.998	4.082 57	1.777

a. 预测变量: (常量), x_3, x_1, x_2
b. 因变量: y

Anova[a]

模型		平方和	df	均方	F	Sig.
1	回归	137 422.074	3	45 807.358	2748.321	0.000[b]
	残差	216.676	13	16.667		
	总计	137 638.750	16			

a. 因变量: y
b. 预测变量: (常量), x_3, x_1, x_2

附图 14　回归方程的模型汇总与方差分析

系数a

模型	非标准化系数		标准系数	t	Sig.	共线性统计量	
	B	标准误差	试用版			容差	VIF
（常量）	−96.009	5.986		−16.039	0.000		
x_1	0.125	0.007	0.380	17.621	0.000	0.260	3.839
x_2	0.012	0.005	0.376	2.647	0.020	0.006	166.743
x_3	0.014	0.007	0.285	2.113	0.054	0.007	150.334

a. 因变量: y

附图 15　回归方程的系数、显著性与共线性统计量

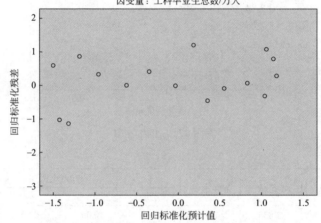

附图 16　标准化残差

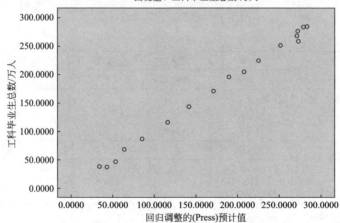

附图 17　y 值与预计值的散点图

附　　表

附表 1　中国高等工程教育规模

指标 年份	学生绝对规模		学生相对规模		
	指标 1	指标 2	指标 3	指标 4	指标 5
	第三级教 育中工科 在校生数 （万人）	第三级教 育中工科 毕业生数 （万人）	高等教育 工科 在校生 占比	高等教育 工科 毕业生 占比	每万人中 工科 毕业生数 （人）
2000	227.77				
2001	264.53				
2002	313.50				
2003	394.91				
2004	469.42	86.83	33%	34%	7
2005	584.69	116.39	35%	36%	9
2006	655.62	143.62	35%	36%	11
2007	715.69	170.87	36%	36%	13
2008	773.40	196.52	36%	36%	15
2009	821.57	204.89	36%	36%	15
2010	852.16	224.90	36%	37%	17
2011	927.63	251.50	38%	39%	18
2012	957.91	259.05	37%	38%	19
2013	1007.65	269.04	38%	39%	19
2014	1041.04	277.25	38%	39%	20
2015	1072.55	283.57	38%	39%	20
2016	1075.09	284.89	37%	37%	20

附表 2　美国高等工程教育规模

指标\年份	学生绝对规模		学生相对规模		
	指标 1	指标 2	指标 3	指标 4	指标 5
	第三级教育中工科在校生数（万人）	第三级教育中工科毕业生数（万人）	高等教育工科在校生占比	高等教育工科毕业生占比	每万人中工科毕业生数（人）
2000		26.46		12%	9
2001		27.81		13%	10
2002		28.72		13%	10
2003					
2004					
2005		30.90		12%	10
2006		29.61		11%	10
2007		28.66		11%	10
2008	204.56	28.99	11%	10%	10
2009	202.11	29.94	11%	10%	10
2010	216.13	31.36	11%	10%	10
2011	222.77	34.34	11%	11%	11
2012	222.54	36.59	11%	11%	12
2013	226.89	37.66	11%	10%	12
2014	224.78	38.83	11%	10%	12
2015	211.72	39.94	11%	10%	12
2016	209.28	41.81	11%	11%	

附表 3　德国高等工程教育规模

指标\年份	学生绝对规模		学生相对规模		
	指标 1	指标 2	指标 3	指标 4	指标 5
	第三级教育中工科在校生数（万人）	第三级教育中工科毕业生数（万人）	高等教育工科在校生占比	高等教育工科毕业生占比	每万人中工科毕业生数（人）
2000		5.95	20%	19.70%	7
2001		5.78	20%	19.49%	7

指标 年份	学生绝对规模		学生相对规模		
	指标 1	指标 2	指标 3	指标 4	指标 5
	第三级教育中工科在校生数（万人）	第三级教育中工科毕业生数（万人）	高等教育工科在校生占比	高等教育工科毕业生占比	每万人中工科毕业生数（人）
2002		5.78	21%	19.68%	7
2003					
2004					
2005					
2006					
2007					
2008					
2009					
2010					
2011					
2012					
2013	73.03		26%		
2014	79.15		27%		
2015	81.32	14.64	27%	26.88%	18
2016	83.02	14.80	27%	26.58%	18

附表 4　俄罗斯高等工程教育规模

指标 年份	指标 1	指标 2	指标 3	指标 4	指标 5
	第三级教育中工科在校生数（万人）	第三级教育中工科毕业生数（万人）	高等教育工科在校生占比	高等教育工科毕业生占比	每万人中工科毕业生数（人）
2000					
2001					
2002					

续表

指标 年份	指标 1 第三级教育中工科在校生数（万人）	指标 2 第三级教育中工科毕业生数（万人）	指标 3 高等教育工科在校生占比	指标 4 高等教育工科毕业生占比	指标 5 每万人中工科毕业生数（人）
2003					
2004					
2005					
2006					
2007					
2008					
2009		56.96		27.59%	40
2010					
2011					
2012					
2013		48.41		25.19%	34
2014					
2015		45.52		26.67%	32
2016		49.95		28.16%	35

附表 5　2000—2016 年关键变量数据

年份	工科毕业生总数（万人）（y）	高中阶段教育毕业生人数（万人）（x_1）	高等学校教育经费（亿元）（x_2）
2000	37.8654	801.0700	1393.9433
2001	37.3822	793.0600	1756.5444
2002	46.8519	787.6200	2247.1366
2003	68.5443	823.0600	2627.8755
2004	86.8222	919.9853	3047.5435

年份	工科毕业生 总数 （万人） (y)	高中阶段 教育毕业生人数 （万人） (x_1)	高等学校 教育经费 （亿元） (x_2)
2005	116.3927	1092.1702	3524.3474
2006	143.6240	1218.5352	3994.7021
2007	170.8751	1335.6902	4689.9962
2008	196.5172	1426.0560	5116.8240
2009	204.8942	1458.7074	5669.6183
2010	224.9039	1468.7477	6459.6748
2011	251.5107	1470.2827	7644.0589
2012	259.0533	1478.0256	8505.0000
2013	269.0535	1483.8197	8459.0000
2014	277.2573	1434.9208	8815.0000
2015	283.6121	1371.7336	9518.1780
2016	284.8903	1330.6142	9911.7647

*资料来源:工科毕业生总数从 2000—2016 年《中国教育统计年鉴》获得工科毕业生总数(y)从 2000—2018 年《中国教育统计年鉴》及中华人民共和国教育部官方网站"教育统计数据"版块获得 (http://www.moe.gov.cn/s78/A03/moe_560/jytjsj_2018/)。具体来讲,工学/工程硕士、工学/工程博士从上述来源直接获得,而专科中工科相关专业大类、本科中的工学专业类由相关数据加总而得。以 2016 年为例,专科中工科相关的专业大类包括资源环境与安全、能源动力与材料、土木建筑、水利、装备制造、生物与化工、轻工纺织、食品药品与粮食、交通运输和电子信息大类;本科中的工学专业类包括力学、机械、仪器、材料、能源动力、电气、电子信息、自动化、计算机、土木、水利、测绘、化工与制药、地质、矿业、纺织、轻工、交通运输、海洋工程、航空航天、兵器、核工程、农业工程、林业工程、环境科学与工程、生物医学工程、食品科学与工程、建筑、安全科学与工程和生物工程公安技术类。同期的高中阶段教育毕业生人数(x_1)从国家统计局官方网站和《中国教育年鉴》获得。该人数包含了高中阶段教育所有毕业生人数,除普通高中外也包含职业高中等,更符合本研究的需要。同期的高等学校教育经费当期值从国家统计局官方网站和《中国教育统计年鉴》获得,并按照从国家统计局官方网站获得的历年 CPI 值(以上一年为 100)折算成以 2015 年为基期的不变价格,从而排除不同年份的价格因素,使不同年份间的高等学校教育经费横向可比。同期的第二、三产业增加值从国家统计局官方网站获得。其中,三次产业分类依据国家统计局 2018 年修订的《三次产业划分规定》来划分,第一产业是指农、林、牧、渔业(不含农、林、牧、渔专业及辅助性活动);第二产业是指采矿业(不含开采专业及辅助性活动),制造业(不含金属制品、机械和设备修理业),电力、热力、燃气及水生产和供应业,建筑业;第三产业即服务业,是指除第一产业、第二产业以外的其他行业。第二、三产业增加值为该两个产业增加值的加总值。第二、三产业增加值也按照从国家统计局官方网站获得的历年 CPI 值(以上一年为 100)折算成以 2015 年为基期的不变价格,从而排除不同年份的价格因素,使不同年份间的高等学校教育经费横向可比。

附表 6　2015 年度我国高校新增十大重点领域专业情况统计表

序号	十大重点领域	专业种类数量	专业名称
1	新一代信息产业	20	电子科学与技术、电子信息工程、电子信息科学与技术、电子与计算机工程、计算机科学与技术、通信工程、网络工程、微电子科学与工程、物联网工程、信息工程、信息管理与信息系统、信息与计算科学、智能科学与技术、光电信息科学、软件工程、集成电路设计与集成系统、空间信息与数字技术、数据科学与大数据技术(新专业)、网络空间安全(新专业)、信息安全
2	生物医药及高性能医疗器械	15	生物工程、生物技术、化学工程与工业生物工程、生物科学、生物信息学、生物医学工程、生物制药、药物制剂、医学信息工程、生物医学科学(新专业)、制药工程、中药学、中药资源与开发、临床药学、药学
3	航空航天装备	12	导航工程、地理信息科学、地理科学、地球信息科学与技术、飞行器设计与工程、飞行器适航技术、飞行器制造工程、飞行器质量与可靠性、航空航天工程、遥感科学与技术、地理空间信息工程(新专业)、飞行器控制与信息工程(新专业)
4	新材料	11	材料成型及控制工程、材料化学、材料科学与工程、材料物理、粉体材料科学与工程、复合材料与工程、高分子材料与工程、功能材料、金属材料工程、新能源材料与器件、材料设计科学与工程(新专业)
5	高档数控机床和机器人	7	过程装备与控制工程、机械电子工程、机械工程、机械工艺技术、机械设计制造及其自动化、自动化、机器人工程(新专业)
6	海洋工程装备及高技术船舶	6	船舶与海洋工程、港口航道与海岸工程、海洋科学、海洋资源开发技术、海洋资源与环境、船舶电子电气工程
7	节能与新能源汽车	6	车辆工程、能源化学工程、能源与动力工程、能源与环境系统工程、新能源科学与工程、能源化学(新专业)

序号	十大重点领域	专业种类数量	专业名称
8	先进轨道交通装备	4	轨道交通信号与控制、交通工程、交通设备与控制工程、铁道工程
9	电力装备	3	电气工程及其自动化、电气工程及智能控制、智能电网信息工程
10	农机装备	2	农业机械化及其自动化、设施农业科学与工程

参 考 文 献

[1] Australian Council of Engineering Deans, Engineering Futures 2035[R]. 2019.

[2] BMBF, 2020 High-tech Strategy for German: Idea Innovation Growth[R]. 2010.

[3] National Economic Council and Office of Science and Technology Policy. A Strategy for
       American Innovation[R]. 2015.

[4] NSF, Assessing the Impact of Frame Changes on Trend Data from the Survey of Graduate
       Students and Post doctorates in Science and Engineering[R]. 2016.

[5] NSF, Professional Formation of Engineers: Revolutionizing Engineering and Computer
       Science Departments[R]. 2016.

[6] OECD. 德国学制结构图 [EB/OL]. http: gpseducation. oecd. org/CountryProfile?
       primaryCountry＝DEU.

[7] Stanford, Stanford 2025[R]. 2015.

[8] UNESCO,2030 年可持续发展议程,2016.

[9] UNESCO,教育 2030 仁川宣言,2016.

[10]   UNESCO,教育的未来,2019.

[11]   UNESCO 国际工程教育中心,面向未来的工程教育与工程能力建设国际论坛论文
       集. 北京:高等教育出版社,2018.

[12]   World Federation of Engineering Organizations,WFEO Engineering 2030[R]. 2018.

[13]   Индикаторыобразования,2017.

[14]   别敦荣,易梦春,李志义,郝莉,陆根书.国际高等教育质量保障与评估发展趋势及其
       启示——基于 11 个国家(地区)高等教育质量保障体系的考察[J].中国高教研究,
       2018(11).

[15]   别敦荣,易梦春.面向 2030 世界高等教育发展的主要趋势与战略选择[J].中国高教
       研究,2018(1).

[16]   崔吉芳.2020—2035 年我国人力资源总量增长潜力及各级教育的贡献——基于教
       育人口预测模型的实证分析[J].教育研究,2019(8).

[17] 杜岩岩.俄罗斯工程教育全球战略的目标及实施路径[J].教育研究,2016,37(4).

[18] 杜岩岩.新型工业化背景下俄罗斯工程教育发展策略研究[J].教育科学,2016,32(1).

[19] 范跃进.习近平新时代中国特色社会主义高等教育理论体系初探[J].山东教育(高教),2019(Z1).

[20] 韩富银,张长江,聂凯波,等.基于工程教育专业认证的铸造工艺课程设计改革与实践[J].中国铸造装备与技术,2019,54(1).

[21] 胡德鑫,王漫.高等教育学科结构与产业结构的协调性研究[J].高教探索,2016(8).

[22] 黄爱华.美国高等工程教育的借鉴与启示[J].南京理工大学学报(社会科学版),2017,30(6).

[23] 黄亚妮.德国高等工程教育模式改革的特点及其启示[J].教育与经济,2006(2).

[24] 黄燕芬.德国工业战略2030:背景、内容及争议[J].人民论坛·学术前沿,2019(20).

[25] 蒋石梅,王沛民.英国工程理事会:工程教育改革的发动机[J].高等工程教育研究,2007(1).

[26] 教育部.中国工程教育质量报告[EB/OL]. http://www.moe.gov.cn/ publicfiles/business/htmlfiles/moe/s5148/201411/178177.htm.

[27] 教育部.中华人民共和国政府和德意志联邦共和国政府关于互相承认高等教育等值的协定[EB/OL]. http://www.euronet.edu.cn/zyxy/001.htm.

[28] 李芳.俄罗斯工程教育:经验、问题与前景[J].西伯利亚研究,2011,38(4).

[29] 李雅君,乔桂娟.俄罗斯学位制度与研究生教育发展述评[J].外国教育研究,2008(5).

[30] 李艳秋.俄罗斯高等工程教育人才培养保障机制研究[J].世界教育信息,2011(5).

[31] 林健.如何理解和解决复杂工程问题——基于《华盛顿协议》的界定和要求[J].高等工程教育研究,2016(5).

[32] 刘雪梅.国外高校教育质量保障体系对我国的启示及借鉴[J].中国成人教育,2013(5).

[33] 马亲民,王晓春.工程教育专业认证体系的研究[J].教育教学论坛,2018(4).

[34] 美国教育部,国家教育统计中心年度报告计划.

[35] 清华大学课题组.高等工程教育国际比较与我国发展蓝图研究.国家自然科学基金应急项目,2017.

[36] 世界工程组织联合会,国际工程技术科学院著,工程:发展的问题挑战和机遇[M].中央编译出版社,2012.

[37] 王广州,王军.中国人口发展的新形势与新变化研究[J].社会发展研究,2019(1).

[38] 王广州.中高等教育年龄人口总量、结构及变动趋势[J].人口与经济,2017(6).

[39] 王佳,翁默斯,吕旭峰.斯坦福大学2025计划:创业教育新图景[J].世界教育信息,2016,29(10).

[40] 王沛民.中国工程教育研究(EER):式微与复兴[J].高等工程教育研究,2013(6).

[41] 王孙禹,谢喆平,张羽,龙宇,李雪,石小岑.人才与竞争:我国未来工程师培养的战略

制定——"卓越工程师教育培养计划"实施五年回顾之一[J].清华大学教育研究,2016,37(5).

[42] 王孙禺,赵自强,雷环.国家创新之路与高等工程教育改革新进程[J].高等工程教育研究,2013(1).

[43] 王战军.建立健全新时期研究生教育质量保障体系[J].中国高等教育,2012(6).

[44] 吴蓝迪,张炜.国际工程联盟(IEA)工程人才质量标准比较及其经验启示[J].高等工程教育研究,2018(2).

[45] 吴玉程,李平.高等教育现代化视域下把握"双一流"建设实践路径[J].中国高等教育,2019(10).

[46] 习近平:坚持中国特色社会主义教育发展道路培养德智体美劳全面发展的社会主义建设者和接班人[J].宁夏教育,2018(12).

[47] 席茹,沈鸿敏.德国双元制与高层次应用技术型人才培养[J].世界教育信息,2015,384(24).

[48] 徐璟玮,付莹莹,刘颖君.中德工程教育的质量评价体系研究[J].现代企业教育,2012(19).

[49] 徐文伟.从追赶到领先——华为的创新之路[J].中国科学院院刊,2019,34(10).

[50] 闫哲,郝天聪.德国应用科学大学的发展历程、改革趋势及其启示[J].教育与职业,2018(8).

[51] 杨东华,杨佩青,苏尧君.法国工程师教育质量保障机制探析[J].中国电力教育,2013(11).

[52] 杨亮.第三部门视域下美国工程教育专业认证研究[D].中南大学,2013.

[53] 尹达.论现代高校创新创业教育教学运行质态选择[J].新疆广播电视大学学报,2015,19(2).

[54] 尤政.建设世界一流工科引领工程教育发展[J].清华大学教育研究,2019,40(3).

[55] 袁贵仁.中国教育.北京:北京师范大学出版社,2013.

[56] 袁锐锷,胡安娜.英、美研究生教育改革与发展趋势[J].比较教育研究,2003(9).

[57] 张淑林,彭莉君,古继宝.工程博士专业学位研究生教育质量保障体系的建构[J].研究生教育研究,2012(6).

[58] 张钰.我国高等工程教育内部质量保障体系研究[D].天津大学,2014.

[59] 浙江大学课题组.分类、分层、分阶段的工程人才培养体系:我国工程教育系统再造研究.工程院咨询研究项目,2018.

[60] 浙江大学课题组.面向"中国制造2025"的工程教育变革趋势与应对策略.工程院咨询研究项目,2017.

[61] 中国工程科技2035发展战略研究项目组,中国工程科技2035发展战略[M].2019.

[62] 中国工程院.迎接创新——创新型工程科技人才培养研究[R].2008.

[63] 中国工程院内刊,国际工程教育前沿与进展,2013年第7卷第3季.

[64] 周少帅.马克思货币理论与我国产业结构——基于中美经济比较的研究[J].理论建设,2018(3).

[65] 朱高峰.中国工程教育的现状和展望[J].高等工程教育研究,2011(6).

[66] 朱凌,李文,孔寒冰.变革中的俄罗斯现代工程教育——从两份咨询研究报告的出台谈起[J].高等工程教育研究,2014(3).

[67] 邹晓东,李拓宇,张炜.新工业革命驱动下的浙江大学工程教育改革实践[J].高等工程教育研究,2019(1).

[68] 邹晓东,陆国栋,邱利民.工程教育改革实践探索——浙江大学工高班改革路径分析[J].高等工程教育研究,2014(5).

[69] 邹晓东,翁默斯,姚威.基于大E理念与整体观的综合工程教育理念建构[J].高等工程教育研究,2015(6).

附录一 WFEO《2030 年工程计划》提要

1. 背景

《世界工程组织联合会 2030 年工程计划》(以下简称"本计划")作为世界工程组织联合会(World Federation of Engineering Organizations,WFEO)的一项战略倡议而制定,旨在解决工程专业人员的工程能力和个人素质与教育和专业发展所要求标准的差距问题。本计划承认,工程师对可持续发展至关重要,工程师工作对推进和实现联合国可持续发展目标意义重大。

本计划将履行世界工程组织联合会的以下使命:①代表国际工程专业并集中本专业的集体智慧和领导力,协助国家机构选择适当的政策方案,以解决影响世界各国的最关键问题。②改善工程实践。③通过正确的技术应用,为世界各国推进社会和经济安全、可持续发展以及扶贫工作。

根据本计划,世界工程组织联合会将在领导和协调旨在发展工程能力、取得长期影响的各项工程方面起关键作用,从而实现联合国可持续发展目标。

2. 行动原则

作为联合国重大科技组织的成员,世界工程组织联合会主要负责发展工程能力,以促进联合国可持续发展目标的实现。

行动原则如下:

(1) 与雇主、教育机构和政府等所有利益相关方约定为快速发展的部门培养所需的毕业生;

(2) 为工程教育和专业发展制订统一的标准,以支持全世界的工程质量;

(3) 与制订工程教育和专业发展标准的国际机构,如国际工程联盟和欧

洲工程教育认证联盟,建立伙伴关系并形成一致的框架;

（4）为众多可获得工程学位的工程教育体系以及达到约定标准的技术培训提供支持;

（5）支持认证机构的能力建设和工程教育体系认证工作;

（6）支持专业工程机构的能力建设;

（7）建立专业发展成果,使工程毕业生达到雇主的要求;

（8）支持执业工程师的国内和国际注册,以便在全世界实现资质互认和自由执业;

（9）与政府保持联络,为工程师和技术员制订一致的监管政策;

（10）在联合国教科文组织及世界工程组织联合会的支持下,建立一个国际工程教育和专业发展标准平台。

3. 对工程师的需求

（1）工程师与工程的经济、社会和环境影响

工程师和工程对实现联合国可持续发展目标至关重要。工程师在支持必要的基础设施(如公路、铁路、桥梁、水坝、通信、废物管理、供水与卫生、能源和推动通信发展的数字基础设施等)增长和发展方面发挥着关键作用。这类基础设施能够推动一个国家经济的增长和发展,从而会实现更好的经济和社会成果,包括延长平均寿命、降低文盲率并实现更好的生活品质。

国家的工程能力与其经济发展之间存在重要的关联。工程师需对我们所生活的现代世界负责,从我们居住的房屋、摄入的食物和所使用的交通工具,一直到电力和洁净水供应所带来的全部舒适。然而,全世界将近一半的人群依然贫穷,而且数以百万计的人仍缺少足够的食物和卫生条件,因此需要利用工程支持全世界在可持续发展方面取得进展。

依据世界银行的报告,基础设施对经济成果、生产力、增长和创新能力产生重大的积极影响。其他研究表明,对具有足够数量工程师的国家而言,基础设施会对其 GDP 产生重大的积极影响。不仅工程师的数量,而且其素质也影响着工程项目的成果,以及项目对经济的贡献。因此,一个国家需要拥有自己的工程师人力资源,从而能够按照国际标准设计、建造并维护重要的基础设施,方能使其经济效益最大化。

（2）工程师和第四次工业革命

自工业革命以来,工程已成为工业经济增长的支柱。蒸汽和电力的发明

带来了农业经济向制造业的转变,造成了欧洲和北美等发达国家的收入增长和繁荣。现在,我们正处于第四次工业革命的初期,物联网带来的数据和机械互通性正推动新的效率和创新。工程继续成为最新革命的核心。工程师在这些创新中起到重要作用,将新想法和科学突破开发成新的发明和产品,从而通过这些开发工作帮助众多国家加速经济发展。

(3)工程师和可持续发展

工程师在实现可持续性基础设施方面起关键作用。联合国可持续发展目标的实现预计会带来对智慧城市中绿色基础设施的创新,并促进可持续能源资源的发展。此外,工程师在解决气候问题方面也起到重要作用,可为正在枯竭的资源利用实施可持续性方案,尤其是水资源的利用。

(4)"南南"地区对工程的需求

在"南南"国家联盟的亚非和南美地区,对工程师和工程服务的需求不断增加。由于全世界增速最快的经济体在实施城市化并发展大型城市,因此其基础设施不断增加,从而导致对工程的需求不断增加。

(5)中国的"一带一路"倡议

中国的"一带一路"倡议涉及 60 多个国家,预计会在基础设施发展方面起关键作用,包括公路、铁路和港口。预计"一带一路"倡议政策会导致最多的投资流入中亚和东南亚地区,从而增加对工程师的需求。

4. 针对工程能力的合作

世界工程组织联合会作为专业工程机构的顶尖组织,在依据可持续发展标准、推进工程能力建设中起到关键作用。

世界工程组织联合会已与多个组织建立了关系,并促进形成经认可的工程教育和专业发展标准框架。此类组织包括:

联合国教科文组织

- 世界工程组织联合会已被接受为联合国重大科技组织的成员;
- 世界工程组织联合会已被认可为联合国教科文组织的非政府组织和其他联合国组织,并承诺致力于实现联合国可持续发展目标(SDG);
- 世界工程组织联合会与其他联合国组织定期对话,包括联合国环境规划署(UNEP)、联合国气候变化框架公约(UNFCC)和联合国国际减灾战略(UNISDR)。

世界工程组织联合会将就在本计划工作方面所承接的项目和所取得的进展,与联合国教科文组织科学部保持联系,作为实现联合国可持续发展目标的一个重要行动。

专业工程机构

- 世界工程组织联合会已与全世界的专业工程机构建立长期的关系,作为该等机构的国际顶尖组织,拥有 90 个国家成员和 10 个国际成员。世界工程组织联合会将与其成员共同合作,从而实现本计划的目标。

国际工程联盟和欧洲工程教育网络

- 世界工程组织联合会已与国际工程联盟达成了谅解备忘录。该联盟为一个全球性网络,专为工程教育多边互认和工程师的专业发展制订标准。
- 世界工程组织联合会将努力与欧洲的工程标准机构建立关系。
- 世界工程组织联合会认可这类标准,并支持和引导其发展中国家成员的过渡,从而为专业工程师和技术员建立标准。

工程教育机构——大学、技术机构和协会

世界工程组织联合会将与参与工程教育的各所大学及其他教育机构、认证机构和国际组织一起合作,在全世界聚集相关各方并利用各自的资源、专长和工程教育经验,从而为《世界工程组织联合会 2030 年工程计划》提供支持。

世界工程组织联合会承认其他组织在能力建设方面的工作,包括:

- 国际工程教育学会联盟旨在提高工程教育标准的能力建设工作。
- 皇家工程院专注于撒哈拉以南非洲的能力建设工作。
- 亚太工程学会联合会(FEIAP)以及联合国教科文组织二类机构[位于马来西亚的中国科学技术信息研究所(ISTIC)和其他位于非洲和美洲的机构]的指导和支持倡议。

行业:协会和大型公司

世界工程组织联合会将与工程部门的行业和行业协会合作,聚集相关各方并利用各自的资源、专长和工程教育经验:

- 与行业和雇主合作,明确工程教育所需实现的毕业生成果。
- 与行业合作,明确所预期专业发展的要求,从而使得工程师能够胜任自己的专业。

世界工程组织联合会承认其他组织在提供专业发展机会方面的努力,包括国际咨询工程师联合会。

世界工程组织联合会常设技术委员会

世界工程组织联合会常设技术委员会可通过其成员获得专业知识,并通过以下具体活动为本计划提供支持:

- 世界工程组织联合会将通过其常设能力建设技术委员会,确定为《世界工程组织联合会2030年工程计划》提供支持的能力建设项目。
- 世界工程组织联合会将通过其常设反腐败技术委员会制订工程专业操守培训项目,并为反贿赂系统实施ISO 37000标准。
- 世界工程组织联合会将通过其常设女性工程师技术委员会,制订各项计划提高工程的多样性。

5. 行动计划

(1) 评估能力并设定优先级

世界工程组织联合会在《世界工程组织联合会2030年工程计划》中的战略目标是:确保拥有足够且适当培训的可持续发展工程能力。

为此,将制订一个世界工程指数,为工程活动、需求、能力和质量提供指标。该指数将每年发布,并促进对各国和地区之间的工程比较,以及针对处理现有差距和正在取得进展方面所需行动的优先权。

(2) 工程能力开发路线图

世界工程组织联合会将与其成员和合作方密切协作,制订工程能力路线图。

(3) 世界工程状况报告

建议编制一份有关工程状况的《世界工程报告》。该报告将跟踪《世界工程组织联合会2030年工程计划》的进展情况,并将作为世界工程指标的补充。

附录二 ACED《工程塑造未来2035》提要

　　20世纪以来工作场所的变化，特别是由于机械化和机器人技术产生的变化，已对非熟练劳动产生了巨大的影响。新的变化已经在我们身边发生，包括人工智能的使用、大数据集的数据分析和物联网等，有可能在未来20年对专业工作产生深远影响。专业工程工作也必然受到这些变化的影响。

　　这个项目的研究目的就是寻求解决这些问题和其他问题的答案。现在距上一次工程教育评估已经过去10年了，是时候评估一下我们已实现了哪些成就，以及下一步将何去何从。我想强调的是，这个项目并不是对工程教育现状的批评。澳大利亚在培养高质量工程毕业生方面取得了卓越的成就，这些毕业生为许多国家的基础设施、能源、健康、环境和财富做出了贡献。然而，如前所述，在实践中已发生了一些剧烈变化，需要我们考虑现在设置的未来工程专业技能。

内容摘要

　　这项范围界定研究是受澳大利亚工程学院院长理事会（ACED）委托进行的，目的是考虑专业工程实践的变化性质以及对澳大利亚工程教育的影响。本研究旨在向工程教育计划领导人和工程教育界通报专业工程角色变化的重要驱动因素，并预测这些变化对2035年专业工程项目毕业生期望值的影响。2035年被选为这项研究工作的时间基准线，因为它代表了正规教育时间线中的代际更替。尽管本研究仅限于考虑专业工程师，但也确定了专业工程师和工程技术人员以及工程团队的准成员的互补作用、责任和教育之间的区别，以便在今后的任何研究工作中做进一步考虑。

本范围界定研究是在澳大利亚工程教育界主要利益相关者组织的工程教育领导人小组的指导下进行的。这项工作的一个关键要素是与主要利益相关者接触，听取他们的意见，确保考虑一系列具有代表性的意见，并告知此项目的结果和建议。在本报告中尽可能使用引语来说明意见领袖的想法。具体范围和方法见第 1 节。

背景研究用来评估专业工程实践的性质及其对澳大利亚的价值。见第 2 节。

变革的驱动因素包括一系列技术的快速发展、日益全球化、工作的变化、不断变化的社会期望和不断变化的人类需求。见第 3 节。

通过与代表一系列商业和社区利益的意见领袖、工程教育工作者商洽，就这些变化对澳大利亚专业工程工作的未来意味着什么，征求主要利益相关者的意见。关于未来工程工作和劳动力的预期性质的调查结果见第 4 节。

第 5 节评估了工程思维的独特特征，第 6 节概述了专业工程毕业生进入劳动力市场的预期知识、技能和属性。

工程工作将更加多样化。工程学科和专业化的重要性是有争议的，尽管已有相当多的一致意见，即寄希望于技术专长；整体和系统方法将越来越受到重视；工程工作将越来越复杂，融合多门学科，并将优先考虑生命周期和社会因素；将增加对信托和社会运营许可的期望；与利益相关者一起发现问题将变得越来越重要；工程实践将越来越多地涉及日益增多的支持者之间的合作和互动。数字工具将无处不在，使人们能够转向更具创造性的工作。

预计将出现技术技能、大局观和系统思维、创造性问题发现、定义和解决技能、协作、互动和参与技能、好奇心、适应性、创新、应变能力和企业技能、数字智能和情绪智能。

预计工程工作的多样性和毕业生的期望值将增加，这就要求澳大利亚工程教育系统的教育成果、计划和途径需更加多样化。在工程专业学生和研究生群体中，多样化还应包括性别、伦理和认知多样性等更广泛的内容。随着工程领域日益多样化，澳大利亚很可能需要培养更多具有工程技能的毕业生，以缓解目前对移民的严重依赖。

在第 7 节中包括了意见领袖对工程教育改革的优先事项的看法，以满足未来的需要并提供所需的知识、技能和属性，还包括对组织结构和文化的需要，这些组织结构和文化能够促使和鼓励在工程教育计划中增加对人本、社会的关注;打破"筒仓效应",提供更好的综合课程,将专业技能的发展结合起来,并强调提供更广泛的成果;课程背景和教学方法的变化,其中涉及在多学科项目团队中的合作性开放式问题发现和问题解决。工程教育工作者队伍也被确定为需要改变的一个关键领域,以便能够与工程教育计划的外部联系更加紧密,并提供更广泛的计划和计划成果。

第7节还讨论了对工程教育的新趋势、变化和未来需要的其他评估的一些结果,以及工程教育最近发展的国际实例。

在第8节中概述了澳大利亚现有的工程教育景观和最新发展。

在第9节中总结了未来工程教育所需的关键变化,即包含和提供更多样的教育计划和计划成果,包括更加人性化的关注点、大局思维、问题发现以及问题定义和解决、创造力和创新、数字智能和更广泛的成果。还需要改变课程、教学方法和新型的工程教育工作者。

第10节提出了三项建议,供主要赞助方澳大利亚工程学院院长理事会(ACED)进一步开展工作。它们主要涉及以下几个方面:即确立2035年研究生工程师的预期知识、技能和属性(建议1),增加工程教育计划的多样性(建议2),确保工程教育工作者队伍更广泛的多样性(建议3)。这三项建议为后续工作提供了框架,指导利益相关者推动工程教育变革以满足未来需求。最终报告将呼吁在澳大利亚进行专业工程师的工程教育改革,并向包括政府、专业工程组织、教育机构和社区在内的广泛利益相关者提出建议。第10节还提出了ACED可能希望与作为主要赞助者的其他组织一起执行的另外三项建议。

对2035年工程教育展望第二阶段的建议

建议1(研究生工程师的知识、技能和属性)

扩大咨询范围,探索更广泛的利益相关者的观点,以增加并验证范围界定研究的结果,特别是2035年研究生工程师的预期知识、技能和属性,以及有助于这些结果发展的大学的教育优先事项:

ⅰ.与更多的行业和政府雇主及最终用户进行进一步协商,以确定他们对研究生专业工程师的未来需求和期望的性质。还应探讨专业工程师与工程队其他成员之间的区别。充分覆盖新兴领域、初创企业和中小企业以及传统工程行业将是一个挑战。这些机构应包括国家工程研究机构和中心（CSIRO、D61、ANSTO、DSTG 和 CRC）。ACED 成员的行业咨询委员会也必须参与其中。

ⅱ. 对新近毕业的工科毕业生进行全国性调查，探讨他们的就业环境、从教育到工作的转变、职业期望和抱负。大学毕业生应了解其当前就业所需的基本知识、技能和特性，以及工程教育改革的优先事项，以便更好地满足其当前就业需求和未来的职业抱负。

ⅲ. 对工科大四学生（学士和认证硕士）进行一次全国性调查，探讨他们的教育背景、职业期望和抱负、对课程的看法以及他们向工程内外工作领域的转变。

ⅳ. 对开始攻读工程学位的学生（包括墨尔本大学和西澳大利亚大学的工程研究方向的学生）进行全国性调查，了解他们选择学习工程的背景、动机、期望和抱负。

ⅴ. 对工程教育和毕业生早期职业的公平性和多样性进行详细的全国性研究。需要详细研究进入工程领域的途径的多样性。应调查了解学校教育和职业建议中促使（和抑制）更广泛的多样性的特点。

ⅵ. 调查科学院院长、信息和通信技术院院长（ACDICT）、澳大利亚商业学院院长理事会（ABDC）以及各种就业项目的领导人，探讨在未来教育发展中建立潜在协同和合作的方向。

确认并扩展范围界定研究的结果，为建议 2 和建议 3 中的进一步工作提供信息。

建议 2（工程教育计划）

参照国家和国际最佳做法，参考高等教育领域内新兴的教育模式，编制一份关于工程教育适用发展的详细评论：

ⅰ. 就新兴的工程教育计划与选定的工程教育工作者进行商洽，提供可能与递交所需知识、技能和属性范围相关的指南和范例。

ⅱ. 对全球最佳和新兴做法进行桌面审查，制订新的和更新的工程教育计划的指南和范例，从而提供所需的知识、技能和属性。

还将考虑教育理念、计划结构和途径、课程和教学法、评估和授权人员、过程和资源。

调查领域应包括

a）扩展当前范围狭窄的计划架构的模型,这些架构是巩固澳大利亚现有实践计划的基础。是否可以通过解决问题和设计重点、数学与科学基础、工程思维、判断的发展以及终身学习的能力将工程教育重新设想为"新的文科学位"？双学位和/或微型证书在满足未来教育要求方面将发挥什么作用？作为主要的教育途径,四年制工科学士学位(荣誉)是否应被取代？

b）强调工程学中人为因素的方法,使毕业生能够更好地理解和认识工程实践的潜在影响,即在对人、社会和环境需求方面积极或负面影响。

c）设计和实施更好的综合课程,采用系统方法,在专业实践环境中培养企业技能、互动和参与技能。

d）在工程教育计划中嵌入更广泛的跨学科、跨机构和外部行业以及社区参与度。

e）在工程项目中使用更多的实验、协作教学法和开放式项目/问题。

以嵌入式课程为基础的实践和学生体验将是这项工作的焦点,尤其应注重其可扩展性。也可以提供课外活动的范例。附录8提供了拟议框架的更多细节。

将制定关于主要利益相关者采取的行动和改革管理问题(包括需要在澳大利亚解决的潜在制约和障碍因素)提出建议。

建议3(工程教育工作者)

ⅰ．通过以下方式建立起现有工程教育工作者劳动力档案以及可以提供所需知识、技能和属性的工程教育工作者所需的劳动力档案:

a．对现有工程教育工作者进行调查,分析他们的知识、技能和属性。

b．在未来的工程教育计划中,针对影响课程和教学更新的要求进行缺口分析。

ⅱ．对可用于成功促进工程教育工作者以更广泛经验参与学术环境外工程实践的模型进行桌面审查。这包括能够与学生一起参与创新、创业和以设计为重点的学习活动和评估的实践者。

ⅲ．根据缺口分析和桌面审查结果,提出修改工程教育工作者劳动力结构的解决方案。

后　记

近年来,我国高等工程教育有了很大的发展。国家将提高教育质量列为高等教育的首要任务,把加强高等工程教育人才培养作为工程教育改革的重要任务。特别是2035年,将是建设社会主义强国的重要节点。中国面临百年未有的大变局,作为世界工程科技大国之一,如何在未来高水平工程科技人才培养、在未来政治经济与科学技术的博弈中胜出,这是我们亟待思考的战略问题。

在国家自然科学基金委的大力支持下,我们组织了清华大学、浙江大学和哈尔滨工业大学等相关部门的学者和专家就国家自然科学基金应急管理项目"中国工程教育2035:战略走向与政策选择"(编号:71750003)课题开展研究,本书就是在此基础上修订而成的。

王孙禺、张炜和丁雪梅主持了课题研究,乔伟峰、翁默斯等为本课题的主要研究者和执笔者。

本课题在研究过程中,吴启迪、朱高峰、顾秉林、余寿文、雷庆给予了大力支持和直接指导。齐晶瑶、王东升、吴蓝迪、周翔宇等专家、老师和同学参与了部分内容的执笔。正是在清华大学、浙江大学和哈尔滨工业大学的领导和有关研究人员的大力支持下,本课题才得以顺利完成。

在此,对所有领导和同仁们的帮助和支持,我们一并表示感谢!

编著者
2021年11月